能告的 重庆话
——重庆方言视觉设计理论、实践与应用

NENGKAN DE CHONGQINGHUA

—— CHONGQING FANGYAN SHIJUE SHEJI
LILUN、SHIJIAN YU YINGYONG

王长武　雷璐荣 ◎ 著

重慶出版集團　重慶出版社

图书在版编目(CIP)数据

能看的重庆话：重庆方言视觉设计理论、实践与应用 / 王长武，雷璐荣著. — 重庆：重庆出版社，2024.8（2024.8重印）
ISBN 978-7-229-18731-6

Ⅰ.①能… Ⅱ.①王… ②雷… Ⅲ.①西南官话—方言研究—重庆 Ⅳ.①H172.3

中国国家版本馆CIP数据核字（2024）第100032号

能看的重庆话——重庆方言视觉设计理论、实践与应用
NENGKAN DE CHONGQINGHUA——CHONGQING FANGYAN SHIJUE SHEJI LILUN、SHIJIAN YU YINGYONG
王长武　雷璐荣　著

责任编辑：何　晶　阚天阔
责任校对：刘　艳
装帧设计：胡耀尹　梁　俭

重庆出版集团
重庆出版社　出版

重庆市南岸区南滨路162号1幢　邮政编码：400061　http://www.cqph.com
重庆出版社艺术设计有限公司制版
重庆市国丰印务有限责任公司印刷
重庆出版集团图书发行有限公司发行
E-MAIL:fxchu@cqph.com　邮购电话：023-61520646
全国新华书店经销

开本：890mm×1240mm　1/32　印张：6.75　字数：200千
2024年8月第1版　2024年8月第2次印刷
ISBN 978-7-229-18731-6

定价：68.00元

如有印装质量问题，请向本集团图书发行有限公司调换：023-61520678

版权所有　侵权必究

资助出版

2022年重庆市教委人文社会科学研究重大项目"能看的重庆话——基于中国语言资源保护工程背景的重庆方言视觉设计研究"（编号22SKGH362）

2022年重庆市人文社科重点研究基地重庆市非物质文化遗产研究中心开放课题"非物质文化遗产保护视域下重庆方言资源的文化开发与创新传播研究"（编号JD2022-D002）

2021年重庆市教委高等教育教学改革研究重点项目"一流课程建设背景下《汉语方言调查与保护》课程'政产学研'四位一体协同育人的探索与实践"（编号212101）

2021—2022年重庆市高等教育学会高等教育科学研究课题"语保工程建设背景下方言资源保护课程与思想政治教育融合育人的教学改革与实践"（编号CQGJ21B079）

2022年重庆市语言文字科研项目"基于中国语言资源保护工程背景的重庆方言资源整理与建设研究"（编号yyk22226）

2023年度重庆市语言文字科研项目"基于中国语言资源保护工程背景的重庆方言创新利用、开发与传播研究"（编号yyk23212）

2023年度国家语委重大科研项目"成渝双城经济圈区域语言服务研究"（编号ZDA145-15）

2023年重庆市人文社会科学重点研究基地"重庆市非物质文化遗产研究中心"

目录
contents

第一章 总论 /001

上篇 理论

第二章 方言视觉设计的依据与现状 /013

第三章 方言视觉设计的作用与原则 /026

第四章 方言视觉设计的形式与方法 /050

第五章 方言视觉设计的要素与构图 /071

中篇 实践

第六章 重庆方言视觉设计实践之下里巴人 /091

第七章 重庆方言视觉设计实践之神采飞扬 /104

第八章 重庆方言视觉设计实践之动若脱兔 /125

第九章 重庆方言视觉设计实践之童言童语 /138

第十章 重庆方言视觉设计实践之大渝风物 /159

能看的重庆话——重庆方言视觉设计理论、实践与应用

下篇　应用

第十一章　重庆方言视觉设计应用之生活日常　/177

第十二章　重庆方言视觉设计应用之服饰服装　/180

第十三章　重庆方言视觉设计应用之文具娱乐　/183

第十四章　重庆方言视觉设计应用之文旅纪念　/186

第十五章　重庆方言视觉设计应用之装饰装修　/189

参考文献　/192

后记　/207

第一章
总　论

一、研究背景

为推广和规范使用国家通用语言文字，科学保护各民族语言文字，2015年开始，教育部、国家语委启动中国语言资源保护工程（以下简称"语保工程"），利用现代信息技术采录方言数据，经转写、标记等加工程序将相关的文本文件、音频文件及视频文件整理入库，以数据库、互联网、博物馆、语言实验室等形式向学界和社会提供服务[①]，对全国范围内的语言资源进行调查、保存和展示。截至目前，语保工程已完成一期建设任务，调查对象涵盖全国各民族123种语言和各省市区的汉语方言共计1712个调查点，并将调查结果公布在"中国语言资源保护工程采录展示平台"，为普通民众或者专业研究人员提供服务。语保工程作为国家工程，为各省市区积极开展方言资源收集与整理，加快本地方言资源开发和利用提供了重要契机。就重庆市

---

① 李宇明.论中国语言资源有声数据库的建设[J].中国语文，2010（4）：356.

而言，2015—2017年，由重庆市语言文字工作委员会办公室主导，重庆文理学院牵头，西南大学、重庆大学、重庆师范大学、四川外国语大学等多所高校参与的语保工程重庆库建设三期工程，对域内38个区县40多个方言点（含少数民族语言点）进行了语言资源调查，调查成果顺利通过国家语委中国语言资源保护研究中心验收。应该说，到目前为止，语保工程重庆库建设任务已经基本完成。

然而，对于语言资源保护来说，语保工程对汉语方言语音、词汇、语法、文化的调查与记录还只是开始。2015—2020年，国家语委完成语保工程一期建设任务。从二期工程开始，将聚焦应用，以成果为导向，突出地方特色，开展方言资源利用与开发工作。我们积极响应中国语言资源保护工程重大战略需求，试图以重庆方言为例，从跨学科视角对重庆方言的语音、词汇、语法各要素进行综合对比分析，找出最能代表方言特色的成分，将之转换成可以在屏幕或平面上进行展示的图形或图像，并在此基础上开展方言文化创意产品开发，将可以听的方言变为可以看的方言甚至是可以用的方言，从而展示巴渝地区文化精髓，推动不同地域沟通交流，助力中华优秀传统文化薪火相传，最终创新驱动方言文化的传承和保护，赋能地域文化振兴。

二、研究意义

本书所讨论的对象是跨学科视角下的方言视觉设计。这一类研究正在艺术领域迅速推进，但在方言学界关注较少，相关研究还存在学术性弱、系统性差、分析面窄的缺点，不能满足语保工程"聚焦应用"的战略需求。因此，我们通过对重庆方言语音、词汇、语法各要素进行综合对比分析，找出最能代表重庆方言特色的要素进行视觉设计并开展应用研究，展现丰富多彩的方言文化并进行方言文化产业开发，从而推进方言资源保护工作向纵深方向发展。总体而言，我们的研究具有以下两个方面的意义。

（一）理论意义

通过对重庆主城区方言开展的实地普查和相关调查、座谈等，深度调研重庆方言资源利用与开发情况，从跨学科视角探讨重庆方言视觉设计研究的必要性和可行性以及相关路径，期望以小见大，以点带面，将艺术学等引入方言研究，为传统的方言研究注入新的生命力。这无论是对方言资源保护研究还是对艺术学学科研究的理论推进，都具有一定的价值。

（二）实践意义

语言及其方言是文化最重要的载体和重要的组成部分，也是构成文化多样性的前提条件，是珍贵的非物质文化遗产和不可再生的宝贵资源[1]。因此重庆方言视觉设计研究有助于推动重庆方言资源开发与利用工作取得进展，创新实现重庆方言资源保护与传承，同时实体建设重庆巴言蜀语文化创意有限公司，开展科学普及，开发文创产品，可以将方言事业转化为方言产业，推动乡村文化振兴，促进经济和社会协调发展，推动重庆市中国语言资源保护工程走深走实。

---

[1] 田立新.中国语言资源保护工程的缘起及意义[J].语言文字应用，2015（4）：7.

三、研究方法

本书以重庆方言作为切入点，通过艺术设计手段，将作为听觉符号的方言转换成视觉符号，最终以图像的形式加以呈现，并开发相应文化创意产品进行推广，从而展现丰富多彩的巴渝文化。具体的研究方法如下：

（一）文献研究法

根据选题要求，本书对两类文献进行整理和研读。一是重庆方言研究相关文献。主要借此了解重庆方言的历史、大概特点、使用现状等。二是方言视觉设计研究相关文献。主要借此了解方言视觉设计相关理论，为重庆方言视觉设计提供理论指导和支撑。

（二）田野考察法

方言永远存在于活生生的使用者口中。因而要了解某种方言最具特色的要素，必须开展实地调研。这样才能深入了解方言使用者的说话方式，精准掌握当地的民风民俗，从而把当地方言中最精华的要素收入囊中，为方言视觉设计提供最可靠的材料和参考。

（三）问卷调查法

田野考察的样本量受到局限，因此问卷调查是了解相关情况的补充手段。我们可以通过问卷调查了解当地方言的使用情况，以及当地方言在教育和传承、开发和利用方面存在哪些问题。与此同时，还可以征集针对视觉设计的意见和建议，为研究提供思路。

(四）案例分析法

方言视觉设计的研究在艺术领域已经开花结果。这些研究成果可以为我们开展重庆方言视觉设计实践提供参考。因而，我们必须对目前已有的、优秀的方言视觉设计案例进行收集、整理和对比、分析，归纳其设计的优缺点，借鉴其好的设计思路和表现形式。

四、研究内容

（一）概念界定

方言，俗称地方话，在中国传统中，历来指的是通行在一定地域的话[1]。在汉语方言学中，一般把汉语方言分为北方方言、吴方言、湘方言、粤方言、赣方言、客家方言、闽方言等七大方言，其中北方方言又分为华北方言、西北方言、江淮方言、西南方言等四个次方言。重庆方言属于北方方言中的西南次方言[2]。广义上来说，重庆方言是指重庆直辖市所属的38个区县的人们使用的方言的总和，属于西南方言—川黔片—成渝小片，使用者包括本地汉族土著、部分少数民族、一些方言岛其他方言使用者等。狭义上来说，重庆方言的代表话指的是重庆主城方言。据考察，重庆主城是典型的山城，道路坎坷，气候湿热，方言的使用在生活方式和民俗民风等方面具有与平原地区迥异的特色。

---

[1] 李如龙.汉语方言学[M].北京：高等教育出版社，2001：1.
[2] 杨月蓉（2012）指出，重庆直辖前是四川省的一部分，因此重庆方言也属于四川方言的一个组成部分，人们在研究四川方言时一般也包括重庆方言；重庆直辖后，重庆行政上不再隶属四川省，因此原来所称的四川方言已不能包括重庆方言，对重庆方言的研究也逐渐从四川方言的范围中独立出来。我们认同这样的观点。

视觉设计是艺术学概念，是从视觉传达设计（Visual Communication Design）演变而来的，指的是利用视觉符号传达信息，进行沟通的设计[1]。一般来说，视觉设计的目的是传播、促销、告知和说服，表现形式是有计划、有成效的图文设计活动，总体而言是一门集艺术和技术为一体的综合性学科。视觉设计的类型包括标志设计、包装设计、字体设计、书籍设计、广告设计、人机交互界面设计等，文字、图形、色彩是其基本要素。随着社会的发展和技术的进步，视觉设计的内容基本涵盖了人类生活的方方面面，延伸到一切跟视觉和信息相关联的产业或领域。

方言视觉设计是一个语言学和艺术学交叉渗透而形成的跨学科概念，指的是运用视觉设计理念，充分挖掘汉语方言内容及形式上的特征，将作为听觉符号的方言转化成以图形或图像为载体的视觉符号，并在此基础上开展方言创意产品开发，使得人们能够更加直观地理解方言特色文化的意义表征，从而为方言保护与传承提供新的途径。在语保工程视域下，我们以重庆方言为例，从方言视觉设计入手创新开展方言资源开发与利用工作，从而推动重庆市的方言资源保护工作向纵深方向发展。这是本书研究的主要目的。

（二）内容框架

本书由四个部分构成。第一章是总论，主要介绍本书的研究背景、研究方法、研究意义以及研究内容。上篇是理论篇，分四章，主要从依据与现状、作用与原则、形式与方法、要素与构图等四个方面

---

[1] 王彦发.视觉传达设计原理[M].北京：高等教育出版社，2008：1.

讨论汉语方言视觉设计的基础理论。中篇是实践篇，对重庆方言语音、词汇、语法各要素进行综合对比分析，以方言特征词语为核心，融合方言语音与语法两大要素，将作为听觉的重庆方言进行可视化设计；本篇分五章，从下里巴人、神采飞扬、动若脱兔、童言童语、大渝风物等五个方面完成100幅作品的视觉设计探索，初步勾勒出重庆方言的基本面貌。下篇是应用篇，分五章，通过实体建设重庆巴言蜀语文化创意有限公司，从生活日常、服饰服装、文具娱乐、文旅纪念、装饰装修等五个方面开发重庆方言文化创意产品。

（三）特殊说明

需要说明的有如下两点：

一是本书遵循"从理论到实践再到应用"的设计思路，安排理论篇、实践篇和应用篇三个部分的内容。其中，理论研究部分增强汉语方言视觉设计研究的系统性和学术性，相关研究成果可为汉语方言资源保护理论的完善提供有益补充。实践研究部分对理论研究成果进行验证，并通过充分展示重庆方言视觉设计成果，对理论研究进行完善。理论与实践研究的成果最后都要走向应用，只有将设计出来的研究成果产品化、市场化，才能充分挖掘汉语方言资源的经济价值，因此就有了第三个部分的内容。

二是本书对重庆各地区方言开展的调查主要依据曾晓渝（1996）、杨月蓉（2012）的研究成果进行，相关学术要求也以这两本书为重要参照[1][2]：因为重庆主城区的方言可以作为重庆方言的代表，所以，文中如果没有特别说明某区县时，所说的重庆方言即指的是重庆主城区的方言；方言词语的书写能考求本字的尽量考求本字，不能考求本字的采用通用书写形式。与此同时，为扩大本书的社会影响，降低本书的使用难度，使得普通受众也能通过重庆方言视觉设计的研究成果认识和了解重庆话，文中注音一般按照汉语拼音方案的使用规则进行，同时照顾重庆方音的特点：增加声母ng，如"安ngan"；口语中必须儿化的词，注音时在基本音节后直接加r；声调阴平、阳平、上声、去声分别由音节右上角的1、2、3、4表示，其中1代表调值为45，2代表调值为21，3代表调值为42，4代表调值为214。

三是在体例安排上，全书共十五章，以章为单位一排到底。各章最多使用三级标题，如果还有下一层，则用"1，2，3……"表示。注释一律用脚注不用尾注。

---

[1] 曾晓渝.重庆方言词解[Z].重庆：西南师范大学出版社，1996：凡例.
[2] 杨月蓉.重庆市志·方言志（1950—2010）[Z].重庆：重庆出版社，2012：凡例.

上篇 理论

尽管现代科技可以将方言传于异地，留于异时，但是其语音的差异性仍然对跨方言区交际造成一定的阻碍。因此，作为听觉符号的方言一旦转换为以图形或图像为载体的视觉符号，便克服了听觉符号的局限性，成为超越声音障碍的传播媒介和载体，使不同方言区的人们打破传统的束缚和地域文化的壁垒，增进理解认同，推动沟通交流，还能在视觉设计过程中挖掘民族特色，展示民族文化的精髓，助力中华民族传统文化薪火相传，同时也能创新方言保护与传承的方式，使得以方言为载体的地方文化得到复兴和弘扬，因而对本土文化振兴意义重大。

方言从听觉符号转译成视觉符号，实现了抽象到具象、一维到二维的转变，这对人们的认知方式来说是一个重大的颠覆，因而在方言视觉设计时既需要考虑方言使用群体的阅读体验和方言本身的地域文化特征，不能一味追求艺术表达的天马行空和特立独行，同时也需要考虑视觉符号的美观性特点以及人们的接受心理，从而创造兼具审美价值和表达趣味的视觉设计产品。

基于方言词汇在区分方言过程中发挥的作用，我们总结出以方言特征词语为核心，融合方言语音与语法两大要素，从概念图形化和文字图形化两个角度将作为听觉符号的方言进行可视化设计的思路，加之综合运用写实、夸张、比喻、比拟、借代、谐音、幽默、变形等创作手法，对方言进行视觉呈现探索，展示方言特有的语境，挖掘方言蕴含的地域文化特色。

  一个出色的方言视觉设计作品包含文字、图形、色彩三个要素。文字是方言特征词语的标识，主要作用是对方言特征词语的概念性内容进行阐述和表达，提高方言视觉设计作品的艺术品位和文化内涵。图形直观、形象地传达方言特征词语的概念性内容，是方言视觉设计产品的主体构成要素。色彩是方言视觉设计领域的一个非常重要的元素，能够对受众起到先声夺人的作用。与此同时，方言视觉设计作品在构图上必须遵循突出主体和追求和谐两大法则，在版式上大概有横向分割、纵向分割、中心发散、满版、穿插、点缀、斜割、中轴等类型。

第二章
方言视觉设计的依据与现状

　　方言是民族文化和地域文化的重要载体，也是珍贵的非物质文化遗产和不可再生的宝贵资源。近些年来，随着经济一体化、社会信息化、新型城镇化进程的不断加快，人口流动剧烈而频繁，方言在人们的社会交往中逐渐退场。面对方言衰微的形势，党和政府高度关注语言资源快速流失的现状，实施一系列工程，开展语言资源保护工作。学界也深刻地认识到语言资源保护与开发的重要性并在多个学科领域进行尝试。从艺术设计与语言学跨学科视角来看，方言视觉设计充分挖掘汉语方言内容及形式上的特征，将作为听觉符号的方言转化成以图形或图像为载体的视觉符号，是独具特色的方言及方言文化保护与传承的重要手段，也是方言保护与传承工作的创新实践。

一、依据

　　随着时代的发展和变迁，我国许多地区方言的使用范围逐渐缩小，有些方言甚至濒临消失，导致民族文化和地域文化慢慢走向衰微。因此，在方言及方言文化衰微的形势下，做好方言保护与传承工作显得刻不容缓。但是囿于地域方言的听觉符号性质，目前的方言保护与传承工作尚存在一些问题，必须从跨学科视角思考新的保护与传承方式。我们认为，以语保工程为基础，开展方言视觉设计实践与应用研究是创新方言保护与传承的方式之一。

（一）开展方言视觉设计的必要性

首先从历史上看，由于通用汉字的强势推广，操持方言的人习惯了用方言进行口语交流[1]，用通用汉字记录普通话进行书面交流，大多数汉语方言都没有系统的、标准的文字记录[2]，因此方言本质上是听觉符号。一般来说，方言在某个区域通行，即使没有记录方言的书写符号系统，对于地域方言内部人群顺畅交流来说影响不是很大，但从历史发展来看，方言文化在积累过程中，如果单凭口耳相传，因为人脑记忆容量有限，就不可能保持它的完整性和规范性，只有用文字保存下来的书面文化，才不会因时代的更迭、时风的演变而湮灭，它会比较完整、系统地为后人保存一个民族的文化成果[3]。试想，如果没有文字，汉族就不会有《诗经》，维吾尔族就不会有《福乐智慧》，彝族就不会有《宇宙人文论》，傣族就不会有五百部长篇叙事诗。可见，一个系统的、标准的文字体系对于方言文化的传承是何等重要。

---

[1] 李如龙.汉语方言学[M].北京：高等教育出版社，2001：97.
[2] 黄思贤，刘悦.再论方言文字的界定与分类[J].海南师范大学学报（社会科学版），2016（4）：106.
[3] 张公瑾.文字的文化属性[J].民族语文，1991（1）：19-20.

另外，从现实情况来看，在没有系统的、标准的方言文字体系参照的情况下，地域方言外部的人群学习作为听觉符号的当地方言则需要花费比较久的时间和比较多的精力。因此，我们选择地域方言中有特色的元素或者成分，将之转换成可以在屏幕或平面上进行展示的图形或图像，实现方言从听觉符号向视觉符号的转变，展示方言中蕴含的丰富故事性情节与内涵，增强方言表现形式的新颖性和趣味性，为丰富方言文化内涵、传承方言文化精髓找到助力的工具，同时将听不懂的地域方言改造成看得懂的地域方言，也有利于破除外地人学习当地方言过程中产生的沟通阻碍，使得方言与方言之间的交际壁垒被打通，每一个方言区之外的人都可以在较短时间内迅速掌握别的方言的精华部分，从而比较快地融入与其他方言人群的顺畅交流中。因而，开展方言视觉设计是方言文化传承和跨方言区顺畅沟通和交流的迫切需要。

其次，从当前的方言保护与传承实践来看，语言学界"单打独斗"较多，其他学科参与甚少，不利于方言保护与传承多样化生态的形成。20世纪80年代以来，国内在以下三个方面开展了卓有成效的方言保护与传承工作[①]：一是设立了方言保护与传承相关机构，如国家语委、地方语委等行政机构以及国家语委委托成立的科研中心、高校相关科研机构等；二是建立了语言资源保护与传承相关平台，如《方言》等学术刊物、"北方方言基本词汇数据库"等语言资源库、全国汉语方言学会等学术会议；三是开展了国家层面的语言资源普查工

[①] 张世方，沈丹萍.中国语言资源保护的理念与实践——以汉语方言为视角[J].语言学研究，2017（1）：10-13.

作，如2008年启动的有声数据库建设、2015年开始的中国语言资源保护工程等。但是总体来看，目前的研究与实践多在语言学领域开展，工作重点是方言的调查、记录、整理与保存，专业性和学术性是其重要特点。但是，如何将前期调查、记录、整理与保存的方言资源进行科学的开发和积极的利用，如何促使其他学科领域的专家学者以及社会大众也参与到方言的保护与传承中来，成为当前方言保护与传承工作最为迫切的问题之一[①]。因此，从跨学科的视角开展方言视觉设计及产业应用实践是形成方言保护与传承多样化生态的迫切需要。

（二）开展方言视觉设计的可行性

文字是在有声语言的基础上产生的，是记录语言的书写符号体系，是人类最重要的辅助性交际工具。从世界文字发展史来看，人类社会早期是没有文字的，口语先于文字产生，那时的人们利用图画或者其他实物记事或传递信息。当人们的社会交际和信息传递的需要发展到一定阶段之后，为了记录语言和语言所要表达的意义，文字便在原始图画或其他实物记事的基础上产生了。周有光（2018）认为原始文字出现在一万多年前，诸如刻符、岩画、文字性的图画、图画性的文字，都是文字的胚胎，直到五千年前，文字成熟为古典文字，包括两河流域的丁头字，北非的圣书字和东亚的汉字，还有美洲古代的玛雅字等。汉字的形成同样经历了从原始文字到古典文字的转变，直到现在我们仍然可以看到殷商时期的甲骨文中每个文字的构造形态都宛

---

① 当然，国家语委已经意识到这个问题，语保工程从二期开始，将聚焦应用，以成果为导向，突出地方特色，开展方言资源利用与开发工作。

如一幅创意十足的"小照片",为世界保存了一幅幅古代人类活动的全景图。对于汉语方言来说,因为大多数汉语方言都没有系统的、标准的文字记录[①],因而对方言进行视觉设计无异于为方言设计可以看的图画文字,弥补了没有文字记录的缺憾。与此同时,因为汉字本来便是在原始图画基础上产生的,人们在认知上也很容易接受通过为方言设计视觉图形或图画来帮助人们学习和了解方言及方言文化。因而,我们认为,汉字的形成历史和表意性质为我们开展方言视觉设计提供了可以借鉴的理论依据。

另外,所谓方言视觉设计,是指运用视觉设计技巧,将方言特色的要素转换成可以在屏幕或平面上进行展示的图形或图像,将作为听觉符号的方言转换成视觉符号。与听觉符号相比,视觉符号往往通过人脑中记忆、联系、想象等一系列的思维模式,对事物的发展及其外在表现进行深入的观察,由此判断事物所表现出来的性质以及所要传递的信息,从而使人们能够快速掌握事物的特征[②],具有以下三个优点[③]:①通用性,它不受某种语言的限制,人们不需要因为看不懂而学习某一种语言的知识;②简明性,视觉符号能在短时间内吸引人们的注意力,完成信息的传达,从而使人们快速记忆;③美观性,视觉符号在传达信息的同时能满足人们的审美体验,引起感情的共鸣。同时,人类感知世界首先是通过视觉来进行的。在感知世界的过程中,有83%的信息量来源于视觉感知,听觉获得的信息仅占11%,而其余

---

① 黄思贤,刘悦.再论方言文字的界定与分类[J].海南师范大学学报(社会科学版),2016(4):106.
② 郝冠博,杨晔.平面设计中的视觉符号[J].现代装饰(理论),2015(7):111.
③ 陆尚谦.粤方言视觉化设计与应用研究[D].广州:广东工业大学,2021:26.

的6%则是来自于其他感官系统[①]。因而，随着"读图"时代的到来，文字逐渐从人们的阅读视野里退场，图形逐渐成为人们文化消费的主要对象，方言视觉设计恰恰迎合了当下年轻人的娱乐喜好和消费习惯。这不仅是因为方言视觉设计直观易懂，能在短时间吸引年轻人的注意力，还因为方言视觉设计图形生动形象，能够满足年轻人的审美体验，更因为通过视觉图形传递信息能够跨越语言的障碍，在不同地域的人群之间建立起信息交流的桥梁。从视觉符号的优点来说，方言视觉设计符合青年人的审美认知特征，可以帮助建立跨语言、跨文化交际的桥梁，因此，开展方言视觉设计在实践上也是可行的。

二、现状

本书以中国语言资源保护工程为背景，从跨学科视角探讨重庆方言视觉设计研究的必要性和可行性以及相关路径，并以此研究为基础，实体建设重庆巴言蜀语文化创意有限公司，开展科学普及、开发文创产品，最终目标是创新实现重庆方言资源保护与传承。基于以上，我们认为语言资源保护研究、方言资源开发与利用研究、方言视觉设计研究等是本研究推进的必要前提与基础，国内外相关研究现状的梳理也从这些方面展开。

（一）国外的语言资源保护研究

方言是语言资源的一种，因此语言资源理论研究是本研究展开的

[①] 胡明燕.对外汉语课堂中学生对非语言符号接收效果的考察与分析[D].上海：复旦大学，2011：18.

必要基础。语言作为一种资源观念的提出，源于语言经济学（Economics of Language）理论在美国的兴起。较早揭示语言经济学性质的是美国经济学教授Jacob Marschak（1965），他认为语言具有与其他资源一样的经济学性质，即价值、效用、费用和受益。直接提出"语言资源"说的是Jernudd B & J. das Gupta（1971），他们指出语言是一种资源，跟其他一般资源或者商品一样，可以用成本和收益加以衡量。自此，语言资源的经济价值在西方受到语言学家、经济学家和政府决策者的极大关注。瑞士学者甚至通过数据首次计算出一个国家国民语言技能的经济价值（Grin，2003）。国外的研究虽然没有直接关涉汉语，但其中对于语言经济价值的研究开阔了我们的视野，为我们提供了很好的理论指导。

（二）国内的语言资源保护研究

国内的语言资源保护研究起步较晚，但发展迅速、涉及面广，语言资源开发与利用研究方兴未艾。中国最早使用"语言资源"概念是在20世纪80年代[①]。邱质朴（1981）提出了"语言资源"的概念，并从把它上升到语言工程学的高度加以认识，认为汉语资源的开发与汉语推广事业和四个现代化关系密切。但可惜的是，邱质朴的语言资源概念在语言学界反响并不大。后续的研究中，只有陶原珂（1996）提出要注意开发利用澳门社会的语言资源，许其潮（1999）分析外语教学的成本收益问题。因此，邱质朴（2000）再次申明他1981年的观点。

[①] 李宇明.中国语言资源的理念与实践[J].语言战略研究，2019（3）：19.

进入21世纪以来，人们越来越深刻地认识到语言资源开发与利用的重要性：一是表现在理论层面对语言资源属性不断深刻全面的认识上，二是表现在实践层面对语言资源开发利用的积极推进方面。

从理论层面来看，袁俏玲（2006）对国外语言经济学研究进行了述评，认为语言经济学的崛起是语言学和经济学相结合作为理性选择理论向着综合的和具有强烈人文意识的古典学术传统回归的结果之一。陈章太（2008）指出，语言是一种有价值、可利用、出效益、多变化、能发展的特殊社会资源；对语言资源应当积极保护，科学建设，合理开发，有效利用。李宇明（2008）把语言看作"资源"，树立语言资源观念，了解中华语言资源的基本状况，制定切实可行的语言资源保护、开发措施，已经成为当今国家语言规划的必务之事、当务之急。张普（2007）建议迅速推进对国家语言资源的开发、利用和管理，让语言资源真正作为社会的基础资源服务于国家在新形势下的建设和发展。李宇明又进一步指出，过去，我们基本上是把语言文字看作一种文化现象；信息化时代，语言及其知识进入了生产力的范畴；利用得好，就会成为国家的"硬实力"[1]。尤其是2015年教育部、国家语委推进中国语言资源保护工程以来，曹志耘（2015），田立新（2015），曹志耘（2016），李宇明（2017），张世方、沈丹萍（2017），王莉宁（2017），刘丹青（2019），田立新、易军（2019），王莉宁、康健侨（2022），李宇明（2022）等结合新技术、新媒介等围绕中国语言资源保护工程扎扎实实地开展语言资源保护、开发与利

---

[1] 张伟.语言文字：信息化时代的国家"硬实力"——专访国家语委副主任、教育部语言文字信息管理司司长李宇明[J].中国经济周刊，2009（31）：16-17.

用研究，既推动了语保工程向前发展，又使得人们的认识达到了新的高度。

从实践层面来看，2004年6月，国家语委组建"国家语言资源监测与研究中心"，这标志着中国的语言资源意识逐渐明晰，语言资源理念在政府层面得到确立。2008年国家语委正式启动中国语言资源有声数据库建设，在学界和社会上普及了语言资源理念，培养了一支骨干队伍，形成了一套管理规程和技术标准，积累了一批语言资源数据。在中国语言资源有声数据库建设的基础上，2015年，教育部、国家语委印发了《关于启动中国语言资源保护工程的通知》，开启了中国乃至世界最宏大的语言资源保护工程。目前参与工程的高校和科研机构有350多家，投入专业技术人员4500多名，方言发音人9000多人，举办培训班57期，培训人次达4700余人次[1]。2018年9月，中国政府与联合国教科文组织在长沙联合召开首届"世界语言资源保护大会"，这标志着中国的语保工作得到了国际社会的认可。

当然，语言保护政策是针对我国各民族语言提出的，包括汉语和各少数民族语言；不能认为这只适用于少数民族语言，或只适用于人口很少处于濒危的少数民族语言；汉语是我国使用人口最多的语言，是各民族的通用语，但在现代化进程中也同样存在保护的问题[2]。

1. 20世纪70年代开始，方言保护与"推普"密切纠缠

从1956年2月发布《国务院关于推广普通话的指示》开始，推普工作的开展使得普通话作为全国通用语的地位不可撼动。尤其是改革

---

[1] 王莉宁.语保故事[M].北京：光明日报出版社，2021：序.
[2] 戴庆厦.语言保护的再认识[J].黔南民族师范学院学报，2016（3）：2.

开放以来,语言生活朝着主体化和多样化发展,新的语言现象大量涌现,普通话和方言互动加快,强势方言对弱势方言形成了一定的冲击。1979年6月24日,汉语方言科学讨论会的与会学者提出了"抢救方言"的口号,这标志着中国有意识进行方言资源保护工作的开始。基于推广普通话对方言的消极影响,一些学者提出要捍卫方言地位,甚至"抢救方言",于是普通话和方言之间的论战此起彼伏。

2. 21世纪以来,既有理论探讨,也有实践推进,汉语方言资源保护研究系统推进

21世纪以来,国内经济迅猛发展,人口流动频繁,影响着语言的发展,同时,随着人们语言资源保护意识的不断增强,汉语方言资源保护的重要性得到长足的关注,相关研究与实践也正在系统推进[①]。

首先是建立方言资源平台,一些刊物成为方言资源展示的重要平台。如《中国方言学报》是全国汉语方言学会会刊,《汉语方言语法探索》等是汉语方言语法国际学术研讨会论文集,还有《中国语文》《中国语言学报》《语言科学》《语言研究》《语文研究》等刊物虽然不是专门面向方言研究的刊物,但也会发表一些汉语方言的研究成果。同时方言资源库建设取得了显著成果,主要有中国社会科学院"北方方言基本词汇数据库"、北京语言大学"北京口语语料查询系统"、香港大学和香港理工大学"香港广州语音资料库",以及"上海语言资源有声数据库展示系统""江苏语言与文化资源库""中国方言文化典藏多媒体资料库"等。其次是开展国家层面的方言资源普查工作,如

---

① 张世方,沈丹萍.中国语言资源保护的理念与实践——以汉语方言为视角[J].语言学研究,2017(1):10-13.

2008年启动的中国语言资源有声数据库建设，按照科学、统一的规划，调查收集当代汉语方言、少数民族语言和带有地方特色的普通话的实态、有声语料，并进行科学整理、加工和有效保存[①]。还有2015年5月启动的中国语言资源保护工程，在全国范围开展语言资源调查、保存、展示和开发、利用等工作，是继20世纪50年代开展全国汉语方言和少数民族语言普查以来，我国语言文字领域又一个由政府组织实施的大型国家工程[②]。最后是开展学术研究工作，几十年来，汉语方言研究取得了巨大成就，大量的汉语方言资源如方言地图、方言词典、方言文化典藏、方言音库、方言志、分省区汉语方言文献目录、词汇集等得以出版。

（三）方言资源开发与利用研究

依据语言经济学理论，方言资源发挥其经济价值必须对其进行合理开发和利用，让其在商品化和产业化中产生直接或间接的经济效益。近几年来，基于跨学科的方言资源开发与利用研究渐成热点，主要表现在以下几个方面。

方言开发研究。多是从某一地方方言出发，讨论方言资源开发路径与策略。如周萍（2011），付欣晴（2013），崔艳艳（2013），尉春艳、董业铎、何青霞（2016），顾煜彤（2020）等。

方言博物馆研究。讨论建设汉语方言博物馆的设想。曹志耘（2010）首先提出建设方言博物馆的设想，梁长福（2012）认为地方

---

① 李宇明.论中国语言资源有声数据库的建设[J].中国语文，2010（4）：356-363.
② 田立新.中国语言资源保护工程的缘起及意义[J].语言文字应用，2015（4）：2.

博物馆对地区方言保护和传承工作能够提供有效支持，随后，张晓明（2015），熊月贞（2015），杨慧君（2017），梅国云（2021），陈立中、关家乐、杨智翔（2022）积极响应。

方言产品研究。讨论在旅游、经济、品牌等领域方言产品的开发，积极推进方言事业向方言产业转化。如乐晋霞（2016）、赵露荷（2017）、洪锦佳（2020）等。

方言文创研究。从文化创意角度探讨方言文创产品设计的策略与方法。如柳冰蕊（2018），洪锦佳（2020），刘晓熙（2020），何心一、施天驰、邵婕（2020），张祖耀、朱媛（2020），何玉亮、刘静（2020），张伊楠（2021）等。

（四）方言视觉设计研究

方言视觉设计属于方言资源开发与利用的一种形式，指的是运用视觉设计理念，充分挖掘汉语方言特色词汇的内容及形式特征，并对之进行创意设计与开发，从而为方言文化保护与传播提供新的途径。在这方面的研究中，戴秀珍（2013，2015）较早对粤方言开展视觉设计，探索了初步的设计方法。后来，许琛（2016），黄臻（2017），郑莉、姜在新（2018），丰伟丽、闫思卿（2019），刘方舟、林荣向（2021），李慧（2022），甘于恩（2018a），甘于恩（2018b），甘于恩（2021）等分别对河南方言、闽南方言、东北方言、兰州方言、福州方言、池州方言、粤方言、客家方言、潮汕方言等开展图形化设计及应用研究。另外，一批硕士学位论文也开始从艺术设计视角关注方言视觉设计及应用，如汤佳佳（2018）、张博雅（2019）、周茹雪

(2020)、申艺伟（2020）、王曼璐（2020）、冯丽斯（2020）、许熙彤（2020）、陆尚谦（2021）、龚晓敏（2021）等。

目前来说，粤方言、吴方言、湘方言、华北方言、西北方言、江淮方言等方言的视觉设计研究蔚然成风，渐成热点，重庆方言的相关研究目前只有2篇文献，即皮燕琪（2015）以重庆古镇磁器口壁画为例讨论重庆方言俚俗语的视觉传达效果，柳冰蕊（2018）讨论重庆方言文创开发的可行性与必要性。因而，我们认为，从跨学科视角出发，基于满足中国语言资源保护工程战略需求的方言视觉设计与应用研究并未受到重庆方言学界的高度重视，也无法满足重庆方言资源保护、开发与利用的需要，因此，在这个领域开展研究大有可为。

（五）现有研究有待开拓和深入思考的问题

综上所述，国外关于语言资源保护研究的理论成果足资借鉴。在此理论指导下，汉语方言资源开发与利用相关研究已经开花结果。从跨学科的视角来看，方言视觉设计与应用研究正在相关方言领域迅速推进，但还存在研究不够充分、不够深入、不够系统的问题，尤其是基于满足中国语言资源保护工程战略需求的方言视觉设计与应用相关研究并未受到重庆方言学界的高度重视，因此基于语言学、艺术设计、经济学等多学科视角出发，开展汉语方言视觉设计研究并进行实践应用，实体建设重庆巴言蜀语文化创意有限公司，开发方言文化创意产品，推动方言向产业化、商业化方向发展，在目前党和国家正在全力推进的乡村文化振兴领域发挥方言力量，值得社会各界高度关注。

… 第 三 章
方言视觉设计的作用与原则

　　视觉符号是符号的一种，是指人类的视觉器官——眼睛所能看到的，表现事物一定性质（质地或现象）的符号，由线条、光线、色彩、张力、表现、平衡、形式等符号要素所构成[1]，是世界通用的符号系统之一，具有通用性、简明性和美观性特点，应用于视觉设计的方方面面。方言本质上是听觉符号，口耳相传，瞬息即逝，时间上短促，组织上粗糙，而且不可能进行反复的修改加工[2]，在交际的时间和空间上具有听觉符号的局限，即"声不能传于异地，留于异时"（清·陈澧《东塾读书记》卷十一）。尽管现代科技可以将方言传于异地，留于异时，但是其语音的差异性仍然对跨方言区交际造成一定的阻碍。因此，作为听觉符号的方言一旦转换为以图形或图像为载体的视觉符号，便克服了听觉符号的局限，成为超越声音障碍的传播媒介

---

[1] 史婧炜.传播学视域下视觉符号解读及其层次探析[J].大众文艺，2012(20)：49.

[2] 张公瑾.文字的文化属性[J].民族语文，1991(1)：20.

和载体。

一、作用

方言视觉设计把能听的方言转化为能看的方言，从一维的线性空间走向二维的平面空间，改变了人们认识语言的方式，因而是一个重大突破。我们认为，方言视觉设计的作用主要表现在，它可以使不同方言区的人们打破传统的束缚和地域文化的壁垒，增进理解认同，推动沟通交流，还能在视觉设计过程中挖掘民族特色，展示民族文化的精髓，助力中华民族传统文化薪火相传，同时也能创新方言保护与传承的方式，使得以方言为载体的地方文化得到复兴和弘扬，因而对本土文化振兴意义重大。从跨学科视角来看，方言视觉设计是语言学和艺术学交叉融合形成的结果，无论是对方言保护与传承理论还是对艺术设计理论的发展，都有一定的推动作用。

（一）增进理解认同，推动沟通交流

中国是一个多民族、多语言的国家，历史悠久、疆域广袤、人口众多。各民族人民在交往交流过程中，既需要国家通用语言文字——说同样的话、写同样的字，消除民族隔阂、破解民族发展差异，实现各民族共同团结进步、共同繁荣发展[1]，也需要一种超越少数民族语言和汉语方言之上的视觉"文字"——方言视觉设计，增进不同文化

---

[1] 加强国家通用语言文字教育在铸牢中华民族共同体意识中的多维价值[EB/OL].(2022-03-24) [2022-11-01]. https://view.inews.qq.com/k/20220324A06XE600?web_channel=wap&openApp=false.

背景、地域和种群之间的理解和认同，破除交际交流的壁垒，成为不同地域之间、不同种群之间相互交流和沟通的媒介。

比如，2020年2月，来自华北官话区在武汉市疫情防控第一线奋战的山东大学齐鲁医院医疗队，发现有很多武汉当地老人只会说武汉方言，而医疗队的年轻人对当地部分方言词汇往往一头雾水：蛮扎实、是说咵、克受、莫赫不过、冒得……为更好地服务于每一位患者，解决语言沟通上的困难，医疗队特意策划编写《国家援鄂医疗队武汉方言实用手册》和《国家援鄂医疗队武汉方言音频材料》[①]，内容总共分为称谓常用语、生活常用语、医学常用语、温馨常用语等四个部分。这本手册在当时比较好地解决了援鄂医疗队与当地人交流沟通障碍问题。实际上，《国家援鄂医疗队武汉方言实用手册》只是武汉话和普通话词汇的对照手册，后来齐鲁医院医疗队与复旦大学附属中山医院一位网名叫二师兄的医生合作，创作出了图文并茂的漫画作品发表在"猫大夫医学科普"头条上。很显然，复旦大学附属中山医院的这位名叫二师兄的医生已经开始了方言的视觉设计，如他用一个大人和小孩对话场景中加特殊标识的大人来明示武汉话中的"老特儿"，用一个人竖起大拇指表达武汉话"蛮扎实"，同时在画面中对普通话词语和武汉话词语进行对译，这样就将可以听和说的武汉话转译成了漫画这种视觉符号，使得方言区之外的人能迅速通过漫画了解武汉话的地方特色，增进了对当地方言的理解和认同，推动了沟通交流。正如周磊（2020）所说："消除的不只是沟通上的障碍，更拉近了心与心的距离。"

---

① 周磊.方言学习手册不仅是深情厚谊[N].湖北日报，2020-02-11（6）.

再如，福州话中有一个表示"虚有其表和不结实"意义的词，读为"pǎng"。但是该词表述的概念较为抽象，对于未掌握当地方言的外地人来说，很难理解和体会这个词的含义。如果通过挖掘方言文化的内涵和具象图案情景化相结合，以图形和文字结合的方式进行视觉设计，同时结合通俗易懂的形象和旁白，则可以在不同地域的人群中建立起信息交流的桥梁，既能使得"pǎng"这个词浅显易懂，外地人能一目了然，也能体现福州方言传统文化特色，激发他们了解和掌握当地方言的兴趣。

由以上叙述可见，方言从听觉走向视觉，提高了可识读性和文化认同感，方便母语非方言者学习、沟通和交流，具有跨文化认知功能。

从更大层面来说，全世界的语言接近六千种，各民族的语言都有自己的特点，这已成为世界各族人民沟通交流的一大障碍。许多学者一直致力于"人类共通语言系统"的建立，希望通过一种标准化的世界性语言来实现人类的广泛交流：在语言学领域就至少产生了六种世界性语言，在视觉艺术领域则掀起了一场"非文字的世界语运动"（也称为图形符号设计运动），正如美国设计师德赖弗斯预言："起源于人类文化初期的基本视觉符号，将成为全世界通用的传播工具。"[1] 可见由方言视觉设计产生的视觉符号具有世界交流工具的功能，可以增加不同国家民族间的人们对彼此文化的理解和认同，从而超越国家民族间的语言障碍进行广泛的交流传播。

---

[1] 刘宝成.图形设计再认识[D].保定：河北大学，2004：2.

(二)展示文化精髓,助力薪火相传

2014年3月,国家主席习近平在柏林会见德国汉学家、孔子学院教师代表和学习汉语的学生代表时指出[1],一个国家文化的魅力、一个民族的凝聚力主要通过语言表达和传递;掌握一种语言就是掌握了通往一国文化的钥匙。2017年1月,中共中央办公厅、国务院办公厅印发《关于实施中华优秀传统文化传承发展工程的意见》,明确指出要"大力推广和规范使用国家通用语言文字,保护传承方言文化"[2]。2018年8月,在北京召开的全国宣传思想工作会议上,习近平总书记指出,中华优秀传统文化是中华民族的文化根脉,其蕴含的思想观念、人文精神、道德规范,不仅是我们中国人思想和精神的内核,对解决人类问题也有重要价值;要把优秀传统文化的精神标识提炼出来、展示出来,把优秀传统文化中具有当代价值、世界意义的文化精髓提炼出来、展示出来[3]。2021年11月,国务院办公厅发布《关于全面加强新时代语言文字工作的意见》,指出:大力推进语言资源的保护、开发和利用。推进中国语言资源保护工程建设,打造语言文化资源展示平台等标志性成果[4]。从国家领导人的讲话以及党和政府的文

---

[1] 习近平同德国汉学家、孔子学院教师代表和学习汉语的学生代表座谈[EB/OL].(2014-03-30)[2022-11-03].http://cpc.people.com.cn/n/2014/0330/c64094-24773105.html.

[2] 中共中央办公厅 国务院办公厅印发《关于实施中华优秀传统文化传承发展工程的意见》[EB/OL].(2017-01-25)[2022-11-03].http://www.gov.cn/zhengce/2017-01/25/content_5163472.htm.

[3] 习近平谈中华民族的根和魂[EB/OL].(2019-06-27)[2022-11-04].http://www.qstheory.cn/zhuanqu/bkjx/2019-06/27/c_1124679937.htm.

[4] 国务院办公厅关于全面加强新时代语言文字工作的意见[J].语言与翻译,2021(4):5-7.

件里，我们不难看出，语言是文化的重要载体，"保护传承方言文化"是中华优秀传统文化传承发展的重要内容，具有当代价值和世界意义。每一个从事方言研究的人都要把方言文化精髓的挖掘、提炼和展示以及以方言作为载体的优秀传统文化的传承作为自己的责任和使命。

　　方言是民族语言的地方分支，是局部地区的人们彼此沟通交流的工具，同时，方言的形成大多经历了漫长的发展历史，是人们的生活习惯、思维方法、民俗民风、文化传统等多个方面的反映。2003年，联合国教科文组织第32届会议正式通过了国际非物质文化遗产保护领域迄今为止最有权威、影响最大并且最具法律效力的联合国教科文组织文件——《保护非物质文化遗产公约》，并根据对"非物质文化遗产"的定义列出了五个方面的项目，第一方面就是"口头传说和表述，包括作为非物质文化遗产媒介的语言"[1]。因而，我们可以认为，作为一种语言的方言是一个地方的非物质文化遗产，是中华民族传统文化不可或缺的一部分。然而基于听觉符号的特性，方言本身形式过于抽象，难以直观地进行展示，因而对方言进行视觉设计，将抽象的听觉符号转译为具象的视觉符号，这就使得负载在方言上的地域文化变得生动形象，一些方言中蕴含的丰富的故事和传统得以直观展现。可以说，对方言进行视觉设计与应用的过程也是挖掘和丰富民族特色，提炼和展示文化精髓，传承优秀传统文化的过程。

　　例如福州地方器乐演奏乐种"十番伬"具有浓厚的乡土气息，是国家级非物质文化遗产之一。然而近年来，由于传统民俗活动逐渐淡

---

[1] 王文章.非物质文化遗产概论[M].北京：文化艺术出版社，2006：446.

化,"十番伬"的生存环境堪忧。如何从方言角度对这种民族特色十分鲜明的民间音乐乐种进行宣传和展示,从而做好传统文化传承,刘方舟、林荣向(2021)就是一个很好的尝试。他们以海报为设计形式,将表现演奏特点的狼串、椰胡、大小锣、檀板、逗管等乐器与文字组合,通过传统演艺服装的漫画化,突出其粗犷高亢热烈的视觉特点,对这种极具民族特色的器乐演奏乐种进行了方言视觉设计,起到了很好的宣传展示效果。"十番伬"这种传统音乐文化也通过方言视觉设计得到了传承与推广。

再如,烟台是环渤海地区重要的港口城市和国家历史文化名城,传统文化丰富,方言特色鲜明。其中,八仙过海的传说成为当地及邻近地区共同的文化记忆。王曼璐(2020)就以八仙过海中的八仙形象为基本图形,并结合文字对烟台方言中的特色词汇进行视觉设计,既体现烟台方言和城市文化的独特魅力,又具有积极向上的美好寓意,最终使得人们更加细致地理解城市文化和城市精神,充分展示了当地文化精髓,推动了传统文化的薪火相传。

(三)创新传承方式,赋能文化振兴

田立新(2015)指出,我国是一个多民族、多语种、文化多元的国家,拥有汉藏、阿尔泰、南岛、南亚和印欧五大语系的130多种语言和十大汉语方言,是当今世界上语言资源最丰富的国家之一;然而,随着现代化和城镇化进程的推进,我国少数民族语言和汉语方言正以前所未有的速度发生变化,许多语言、方言趋于濒危或面临消亡,导致民族文化和地域文化走向衰微。鉴于语言资源的重要性及濒危的现状,党和政府、学界以及全社会高度关注语言资源的保护与传承工作——设立专门的管理机构、建设多类型的科研平台、进行专业的资源调查、开展相关的科学研究,有力推动了方言资源保护与传承工作进展。但是随着新媒体时代的到来,人们逐渐认识到,方言是活态的交际工具,以往资料记录式保护或保存或多或少地存在形式单调、技术落后、内容枯燥等缺点,无法体现其工具价值,难以吸引青少年受众的主动参与,因此,要想真正激活方言的生命力,唯有进行活态传承式保护。因此,我们看到,以文字、图片、音频、视频等为载体的方言作品在网络空间实现了跨地域、跨平台、多形式、多圈层的传承与传播,与此同时,方言节目、方言影视、方言公众号、方言APP、方言产品、方言直播、方言智能等方言保护与传承的创新形式也走进人们的生活。其中,方言视觉设计就是创新方言保护与传承的方式之一。

方言视觉设计通过两种方式实现了方言保护与传承方式的创新。一是传统与现代的融合。方言的形成大多经历了漫长的发展历史,既是地域文化的载体,其本身也蕴含了丰富多彩的地域文化。以视觉设计形式表现地域方言的特色,并进行现代产业应用,不仅把蕴含在方言中的传统文化精髓展示出来,还融合现代创意,发挥其独特的经济价值和社会价值,这是历史传统与现代创意的融合。二是本土化与国际化的融合。刘志毅(2016)指出,图形具有只可意会不可言传的独特魅力,它能超越国界排除语言障碍并进入各个领域与人们进行沟通和交流,是人类通用的视觉符号,故素有"世界语"之称。方言视觉设计就是要利用作为"世界语"的图形作为媒介,将抽象的方言转换为具象的视觉符号，使得地域方言突破了国界和地域的限制，为不同国别、不同地域文化之间的交际交流架设了桥梁，这是本土化和国际化的融合。

方言视觉设计通过融合传统和现代、本土化和国际化两种形式，把作为听觉符号的方言转译为视觉符号的图形或图像，实现跨文化交流以及中华优秀传统文化的传承，但这并不是其最终目的。方言视觉设计的最终目的是要将设计成果附加或糅合到大众喜爱的创意产品上，制作出"方言+文化创意"系列商品，满足不同消费群体的物质需求和精神需求。当前，人们从生活日常、服饰服装、文具娱乐、文旅纪念等多个方面开发方言文创产品，范围涵盖手机壳、纸杯、茶杯、杯垫、靠枕、胶带、瓷盘、马克杯、红包、T恤、卫衣、帽子、口罩、手提袋、笔记本、日历、台历、扑克、书签、徽章、钥匙链、明信片、团扇、背包扣等等，颇受市场欢迎。

如果说方言是地域文化的重要载体，那么文创产品就是方言的重要载体。以视觉设计为中介，打通方言与文创产品之间的联系，将方言承载的有形与无形的形、音、义应用在文创产品形态层上（包括产品物质层面的形态、色彩、材质等和非物质层面的功能、操作、风格等），最终实现"方言内涵—文化内涵—产品内涵"的贯通[1]。这样创作出的方言文创产品既有地方特色文化内涵，又能创造出一定的经济价值，满足了人民群众对美好生活的需要，所以说方言视觉设计应用于文化创意产业发展，生发出了新的产业模式与业态，使得以方言为

---

[1] 张祖耀，朱媛.文化传播下杭州方言的文化负载与文创设计研究[J].设计，2020(17)：16.

载体的地方文化得到复兴和弘扬，因而对本土文化振兴意义重大。

二、原则

方言从听觉符号转译成视觉符号，实现了从抽象到具象、一维到二维的转变，这对人们的认知方式来说是一个重大的颠覆，因而在方言视觉设计时既需要考虑方言使用群体的阅读体验和方言本身的地域文化特征，不能一味追求艺术表达的天马行空和特立独行，同时也需要考虑视觉符号的美观性特点以及人们的接受心理，从而创造兼具审美价值和表达趣味的视觉设计产品。总体来说，方言视觉设计要遵循易于受众理解、表现地域特色、追求审美价值、增强表达趣味四大原则。

（一）易于受众理解

在我国，使用汉语的地域非常辽阔，使用人口众多。在漫长的历史长河里，中原地区"言语异声，文字异形"（许慎《说文解字·序》），这些"异声"的"言语"就是汉民族语言的地方分支或者变体，即方言。据西汉扬雄《輶轩使者绝代语释别国方言》记载，汉初的方言大致已有十来种[①]。现代一般认为汉语有七大方言。其中北方方言是现代汉民族共同语的基础方言，以北京话为代表，使用人口约占汉族总人口的73%，覆盖长江以北地区，长江以南的镇江以西、九江以东的沿江地带，云南、贵州、四川地区，以及湖北、湖南、广西

---

① 张振兴.古代的"普通话"[J].老年教育（长者家园），2013（11）：46.

部分地区。其他六大方言都在南方，南蛮鴃舌，鸟语啁啾。从古至今，因为方言的差异，人们在沟通交流时导致各种不便，甚至还闹出诸多误会。例如侯宝林、郭启儒两位先生的相声《戏剧与方言》里就说了这么一件事。上海人忌讳说"死"，而且上海话里"洗"和"死"是同音字，所以"洗"也不能说，"洗"和"死"都得说"汏"（读如"打"）。"洗头"叫"汏头"，"洗澡"叫"汏浴"。外地人到上海理发，理发师都要问："侬格头汏勿？"（你的头洗不洗？）外地人听了吓一大跳，不知道理发为什么还要打头。如果理发要打头，那么洗澡要不要打屁股呢？上海人回答肯定是说要，不但屁股要打，其他别的什么地方也一样统统要"汏"的。这说明方言之间的差异是非常明显的，方言区内部的人可能对此没有感觉，但是跨方言区交流的时候就可能显出不便。因此，我们在开展方言视觉设计时，出于准确传递信息，打破交际壁垒考虑，首先必须做到的是设计出来的作品要易于受众理解。

易于受众理解的原则体现在两个方面。

一方面，对于方言区内部的人来说，虽然他们对本地方言已经比较熟悉和了解了，但是还存在一个接受本地方言从听觉符号到视觉符号转化的过程，因为作为听觉符号的方言与作为视觉符号的方言之间差异巨大。

另一方面，对于跨方言区甚至跨国别的人来说，他们对某方言以及该方言背后的地域文化本身就比较隔膜，因而认同和理解以该方言为基础的视觉设计产品更加存在困难。所以说，要想使方言视觉设计成为不同地域、不同文化人群之间沟通交流的中介和桥梁，我们要避免设计复杂化的方言视觉设计形式，造成不易识别的情况，要尽量使用我们熟知的设计方式，使得方言呈现出易认、易读、易懂的视觉效果。

我们认为，对于视觉设计产品的画面呈现来说，以下两点值得注意：

第一是除了图形或图像之外，还要具备文字、拼音和释义要素，这样便于跨方言区的人们识别和理解。例如济南插画师"添末儿TIMO"对芜湖方言特征词语"小男孩""小女孩"进行视觉图形设计时，呈现出来的不仅有人物图像，还加注了文字、拼音和释义，创作的作品人物形象直观而且生动有趣，对于方言区外的人群了解和学习芜湖方言十分方便。

第二是避免设计过于复杂、繁杂的画面，造成整体构造层次不清、主次不明，使得受众需要付出过多的认知精力。例如申艺伟（2020）指出，要选取地域方言最突出的特点进行视觉图形化设计，去繁为简，做到简洁、直观，符合大多数受众的理解和认知水平。他认为如果视觉设计整体画面过于复杂，容易造成主次不明的情况，使整个画面看起来让人眼花缭乱。

（二）表现地域特色

俗话说"老乡见老乡，两眼泪汪汪"，有诗云"少小离家老大回，乡音无改鬓毛衰"。乡情是最好的黏合剂，总能唤起游子对家乡的思绪；乡音是最好的良药，可以医治旅人的心。凡此种种，都形象地说明了方言以其相对的独立性、长期的稳定性、唯一的地方性，解读着地方历史，书写着地方传奇，统一着地域文化，成为特定地域、特定群体的精神认同和联系纽带[①]。在漫长的历史进程中，方言是一个地区的人们使用的实实在在的生活语，是看得见摸得着的人民群众的口头表达形式，承载着地方经济、政治、民俗、民风、信仰、心态等的发展和变迁，蕴含着特定地域人们认识世界和改造世界的思维方式和在长期历史发展过程中积累的文化信息，因而方言中集中体现和反映了地域文化特色。例如我们都知道，在普通话中，"疾病"这个词的意思是"病（总称）"[②]。但是在福建话中，"病"指的是普通疾病，"疾"指的是绝症，这跟古汉语的意思是一样的。这反映了闽方言保留了比较多的古汉语词汇，是重要的文化遗产。再如，陕北方言詈语中有一些词尾为"货"的词：吃老人货、卖脑货、气老人货、二毬货等。这和与陕北接触较多的内蒙古西部方言有相似之处，"货"在该方言中构成的詈语也很多。这实际上反映了陕北方言的形成是受到少数民族语言影响的结果：陕北自古就是少数民族融合的典型区域，在相互交融的过程中，少数民族的方言逐渐融入到了汉语方言当中[③]。正是因为这一点，吕叔湘（1988）指出，研究一个民族的语言还常常涉及这个民族的文化。例如从词语的来源（汉语则包括汉字的结构）看古代文化的遗迹；从地名和方言的分布看居民迁徙的踪迹；从人名看宗教和一般民间信仰；从亲属称谓看古代婚姻制度，等等。我们高度赞同吕叔湘先生的观点，无论是开展方言调查、方言研究，还是方言资源开发

---

① 张玉霞.方言是地域文化的重要载体[J].发展，2013（6）：77.
② 中国社会科学院语言研究所词典编辑室.现代汉语词典（第6版）[Z].北京：商务印书馆，2012：607.
③ 吕亚丽，张小兵.陕北方言詈语文化探析[J].延安大学学报（社会科学版），2016（3）：118.

与利用,必须要考虑方言反映地域文化特色这个重要因素。

方言视觉设计必须表现地域特色,表现在如下两个方面。

一方面,对于方言区内部的人来说,只有反映地方特色的方言视觉设计才能真正走进当地人的内心,取得他们的心理认同和情感共鸣,从而建立设计作品与受众之间情感的联系。

另一方面,对于跨方言区甚至跨国别的人来说,他们要熟悉某种方言,除了学会方言的发音之外,更重要的就是了解方言背后蕴含的地域文化特色,这样才会对学习的方言产生认同感,会比较快地融入方言所在地域的生产和生活中去。反映了地域特色的方言视觉设计则为跨方言区甚至跨国别的人学习和认同地域方言提供了桥梁和工具。因而在方言视觉设计过程中,我们要避免过度跟风或盲目借鉴。如果我们用千篇一律、大同小异的表达形式设计视觉作品,那么最后所有的方言视觉设计都毫无区别,也就了然无趣了。例如2019年大年初一,《熊出没·原始时代》热播,片方发行了河南、陕西、四川、湖南四种方言版本预告片及海报。这些系列海报以"听听家乡的声音"为主题,引用了各个方言中最具特色的词汇,还罗列出每个地方的美食,如臭豆腐、麻辣火锅、羊肉泡馍、杜康酒等,或是代表性的建筑,如少林寺、兵马俑、岳麓山等,将相同的主题以不同的表现形式进行展示,极具地方特色[1]。

那么,如何在方言视觉设计时表现地域特色呢?我们认为,可以利用字体、色彩和图形或图像三个要素来加以表现。

---

[1] 《熊出没·原始时代》曝预告 五大方言版本将上映[EB/OL]. (2019-02-09) [2022-11-05]. https://www.1905.com/news/20190209/1349080.shtml#p1.

文字是记录语言的符号系统，是人类最重要的辅助性交际工具。在方言视觉设计中，文字是构成设计作品不可或缺的元素之一。它通过不同字体造型和文字的排列组合，将文字的传播功能和审美功能相结合，从而加强文字的形象表现力和信息传播效果[1]。方言视觉设计作品中，文字分为解释性文字和设计性文字两类，前者属于对视觉图形或图像的解释性词句，较少考虑字体造型，但是在内容上要体现方言地域特色，如使用地域方言中受众公认的方言表达形式，后者属于直接对方言特征词语进行视觉设计的文字，必须考虑字体造型，体现对当地文化形式和风格的利用。

　　色彩是视觉设计中文字与图形、图像的颜色，选择地域文化中合适的色彩表现文字或图形、图像，能获得舒适的心理体验。如当我们提到重庆，最先想到的是火辣的红色，提到苏州这座城市，最先感受到的是黑、白、灰等冷色调。方言视觉设计也要考虑地域的色彩文化，用合适的、富有特色的色彩来表现文字和图形、图像，从而体现地域文化魅力。图形或图像被认为是最具有直观性的视觉设计元素，具有表达、描绘和传递信息的功能，通过视觉方式传达信息，能够简明地表达主题[2]。

　　图形或图像表现地域特色，多考虑图形或图像表达主题与地域文化的契合性。如被誉为"中国国宝"的大熊猫憨态可掬，深受人们喜爱，四川则是"大熊猫的故乡"。来自成都的一名十来岁的叫姚果果

―――――――――――
[1] 李晓玲, 孙东阳, 周婧, 龚雯莉. 字体设计[M]. 北京: 中国青年出版社, 2012: 8.
[2] 王曼璐. 烟台方言在城市文化中的视觉设计应用研究[D]. 青岛: 青岛大学, 2020: 22.

的小姑娘跟着妈妈玩遍宽窄巷子、锦里、文殊院、武侯祠等地方之后,产生了一个想法,用大熊猫的形象来画成都,把成都方言中的变脸、火锅、串串等画得惟妙惟肖,目前已经出版绘本《果果画成都》,受到本地人和外地游客好评。究其原因,应该说,这和大熊猫这个地域元素为她的创作增添了文化底蕴和情调趣味分不开。

(三)追求审美价值

彭吉象(2019)指出,从艺术生产的角度来看,任何艺术作品都必须具有以下两个条件:①必须是人类艺术生产的产品;②必须具有审美价值,即审美性。这两点使艺术品与其他一切非艺术品区分开来。从这个角度来说,任何一门艺术都应该具有审美价值,都能给人带来美的感受。任何一位艺术家在创作中孜孜追求的是美,受众在欣赏过程中为之倾倒、为之赞叹的也是美。如果失去了美的追求,艺术就失去了永恒的生命力和赖以存在的价值。因为从本质上来说,艺术的根本目的并不在于像哲学、历史学那样去提供材料与知识,像政治学、伦理学那样去进行宣传与教育,像体育竞赛、杂技表演那样给人以娱乐与休息,而在于按照美的规律和审美理想,创造鲜明生动的、意蕴丰富的艺术形象,借以塑造人的灵魂和满足人们的审美需要[1]。可以说,艺术就是研究美和创造美的专门学科。

方言视觉设计是一门集艺术和技术为一体的综合性学科。当前,在设计产品过程中,不仅要运用现代科技的技术优势,追求材料、造型等的创新,而且要遵循艺术创作的客观规律,即创造审美价值。这

---

[1] 张涵.艺术的审美价值[J].郑州大学学报(哲学社会科学版),1986(4):51.

一点，也可以从受众层面得到印证：美好的东西总是让人赏心悦目，美的作品总是能够吸引人们的眼球。因而在开展方言视觉设计时，要在易于受众理解、表现地域特色的基础上，进一步提升对设计作品的要求，即追求审美价值。

任何一件艺术作品都是内容美和形式美的有机结合和高度统一。从艺术实践来看，艺术美注重形式，但并不脱离内容，两者之间是辩证统一关系：前者生动鲜明地体现和表现后者，后者不断丰富和发展前者。方言视觉设计追求审美价值可以从加强内容美与形式美两方面着手。

一方面要加强方言视觉设计作品的形式美。任何一门艺术都离不开它的表现形式。西方在公元前四世纪就已经有了关于艺术形式的文献。德谟克利特、色诺芬、柏拉图、亚里士多德等都对艺术形式与内容的关系、形式美的特点等进行过论述[1]。到了现代，艺术家们已经认识到形式美对于艺术的决定性价值，纷纷展开对绘画、书法、音乐、戏曲、雕刻等艺术的形式美的探索。方言视觉设计可以从造型、构图、色彩等元素的综合运用上追求形式美，做到层次分明与简洁有序、和谐统一与创新求变[2]。层次分明与简洁有序指的是方言视觉设计作品由文字、拼音、图形或图像等要素组合而成，这种组合并非简单、生硬、机械地拼接和叠加，而应该由图形或图像作为主角，将其他元素串联成一个简洁有序的整体，做到主次分明。和谐统一与创新求变看起来是矛盾的，实际上是一个辩证的统一体。和谐统一指的是

---

[1] 伍蠡甫.再谈艺术的形式美[J].学术月刊，1981（3）：54.
[2] 版式设计中的"视觉形态"！[EB/OL].（2018-09-04）[2022-11-11].https://baijiahao.baidu.com/s?id=1610632784298037411&wfr=spider&for=pc.

在对地域方言中某一类成分进行视觉图形化设计时，需要对其风格进行统一性把握，只有将其协调统一地呈现在受众面前，才能在视觉传达上给人一种舒服的美感，否则便会让人觉得杂乱无章、不成体系[1]。创新求变意味着突破传统，超越传统；打破老规矩，创立新规矩；突破旧风格，创建新风格[2]。方言视觉设计要在版式设计上大胆进行创新尝试，综合运用海报、插画等多种形式展现方言视觉形象，给受众以变化的美、创新的美。

另一方面要加强方言视觉设计作品的内容美。艺术源于现实生活，又高于现实生活，但不可否认现实生活是艺术内容的源泉。要加强艺术作品的内容美，可以从加强艺术作品反映现实生活的具体性、感染性和独创性三个方面着手，方言视觉设计也是如此。具体性指的是方言视觉设计要根据不同方言的特色和风格设计创作思路，精确地把地域方言的相关信息运用可视化方式呈现出来。"感染性是艺术的一个肯定无疑的标准，感染的程度也是衡量艺术价值的唯一标准：感染越深，艺术则越优秀。"[3]方言视觉设计作品要加强感染性，就需要在精准传递方言相关信息的基础上，唤醒受众的情感体验，产生思想和感情上的共鸣，点燃受众心中的艺术火花。独创性要求设计师具备独特的思维方式和创作思路，与众不同地观察方言、理解方言，最后不同凡响地用视觉符号表现方言，而不是鹦鹉学舌、人云亦云。

---

[1] 申艺伟.基于符号学视角下地域方言视觉图形化设计研究[D].武汉：武汉纺织大学，2020：48.
[2] 版式设计中的"视觉形态"![EB/OL].(2018-09-04)[2022-11-11].https://baijiahao.baidu.com/s?id=1610632784298037411&wfr=spider&for=pc.
[3] 托尔斯泰.艺术论[M].丰陈宝译.北京：人民文学出版社，1958：150.

如重庆江小白曾经制作重庆方言视觉设计系列海报[①]。从形式上看，这些作品近、远景层次分明，文字、图形和色彩多种元素和谐统一；从内容上看，设计师大胆采用重庆地标建筑——解放碑作为背景，以丰富的情节表达方言特征词语"打望"等的概念性内涵，容易使受众产生思想和情感上的共鸣，富有感染力和独创性，因而整个作品审美价值较高。

（四）增强表达趣味

我们对重庆市一所初中、一所小学学生的抽样谈话调查结果显示[②]，92%的初中生和89%的小学生认为在学校回答问题、参与讨论等公众场合使用重庆方言会感到不自在、不好意思。与此同时，我们还随机抽取了20个重庆方言中比较具有特色的方言词（详见表1）供调查对象辨识，以调查他们对重庆方言特色词汇的知晓程度。

表1 重庆方言特色词与普通话对应说法一览表

重庆方言词	对应的普通话说法	重庆方言词	对应的普通话说法
疙蚤	跳蚤	扭到费	缠住不放
红苕	红薯	狭孔	胳肢窝
方脑壳	笨蛋	捡撇脱	捡便宜
刹割	结束	腰裤儿	内裤
歪	蛮不讲理	墩笃	帅气

---

① 江小白方言系列海报[EB/OL].(2019-06-13)[2022-11-16].https://www.meihua.info/shots/3254925847479296.

② 王长武，袁小淋.中国语言资源保护背景下的重庆市中小学方言教育与传承研究[J].教育观察，2021（15）：8.

续表

重庆方言词	对应的普通话说法	重庆方言词	对应的普通话说法
丁丁猫儿	蜻蜓	装莽	装糊涂
堂客	老婆	相因	便宜
鲇巴浪	鲇鱼	撑花儿	伞
千翻	调皮	吹垮垮	聊天
扯把子	说谎	正南齐北	正经

调查结果显示，认识1个词的学生中初中生有28人，小学生有8人；认识2个词的学生中初中生有19人，小学生有6人；认识3个词的学生中初中生有13人，小学生有2人；认识4个词的学生中初中生有9人，小学生有1人；认识5个词的学生中初中生有6人，小学生0人；认识6个及以上的初中生和小学生人数均为0。详见图1。

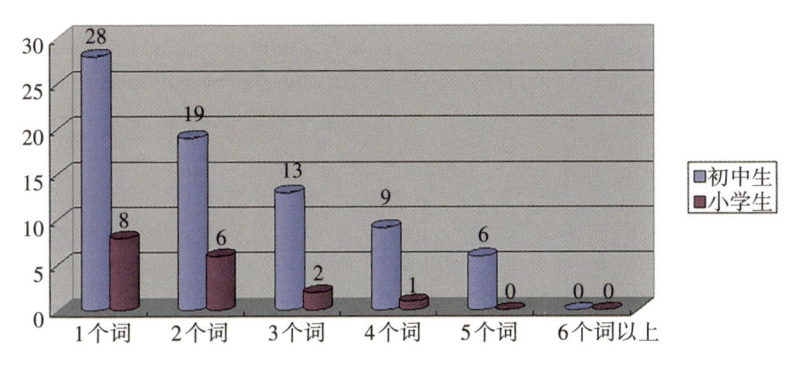

图1 中小学生对重庆方言特色词汇知晓程度图

另外一项针对重庆市梁平区儿童、青少年及中老年人掌握和使用梁平话名词性词汇的问卷调查结果显示[①]，中老年人对于名词性词汇

---

① 王琦.文化遗产视野下重庆方言梁平话的名词性词汇考察[D].重庆：重庆文理学院，2018：9-10.

掌握和使用情况较好,而青少年及儿童的掌握和使用情况则十分不理想;同时,由于在青少年及儿童的生活中梁平话的使用少于普通话,所以他们对于梁平话的认同感不强。

语言是文化的载体。其中,词汇是反映社会文化发展最直接的表征。经过几千年历史发展而来的方言特色词汇反映了各个地方的文化、思想、风俗、地理、生产、生活等,有的甚至反映了当地人们对民族历史与艰辛生活的记忆。如果作为民族语言文化传承最大希望的青少年对方言中的特色词汇逐渐隔膜,方言的生存和发展空间将日趋狭窄,地道的方言历史传承和代际传承将会出现断层。上述调查中青少年儿童在公众场合不敢使用当地方言,对当地方言认同感不强就是明证。由此可见,方言保护与传承工作中一项较为重要的工作应该就是对青少年进行方言传承教育,而这也正是方言视觉设计的目的之一。

青少年有强烈的求知欲和好奇心,充满着想象力和创造力,喜欢探索这个世界一切新奇的事物。尤其是在这个娱乐至死的时代,青少年的生活中充斥着各种电子屏幕——电视、电脑、平板、手机等不一而足,多种视听诱惑横行,导致他们的审美能力和审美趣味不断提高。方言视觉设计要想引起好奇心重、求知欲强的青少年的关注和喜爱,一定要充满趣味性,增强时代感,使年轻一代在欣赏方言视觉设计作品的过程中发出会心的微笑,产生愉快的情绪,最后愉悦地获得知识,受到教益。当然,除了青少年之外的其他受众,通过欣赏充满趣味性的方言视觉设计作品也能满足现代人追求放松和愉悦的心理需求。

从方法上来说,在方言视觉设计过程中,设计师可将方言的各要素用生动、形象、风趣、轻松的形式进行展现,使之呈现出一种幽默、诙谐的状态，对受众产生吸引力和感染力，从而提升和增强设计作品的趣味性。具体而言可以从以下几个方面着手。

一方面是努力提升方言视觉设计内容上的趣味性。这就要求设计者在挖掘地域方言特色和风格的时候就要注意从方言中收集生动活泼、愉快灵活的元素，同时在设计时善于运用饶有风趣的情节进行巧妙的安排，幽默地表现设计对象。例如重庆是山水之城，其独有的爬坡上坎的地理环境造就了重庆人耿直爽朗、火暴泼辣的性格，因而在语言中产生了很多幽默的词汇：耙耳朵、冒火、诀人、婆烦、打望、假打、摆龙门阵等等。方言视觉设计要充分利用这些方言特征词语中本身就比较生动活泼的表现元素，辅之以生动的情节、鲜活的形象，进行趣味化设计。如图2所示。

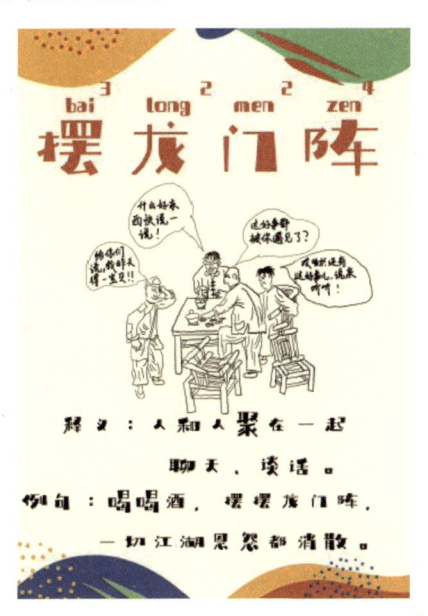

图2　重庆方言视觉设计作品——摆龙门阵

图2是我们指导学生杨琴、张璐瑶、蒲东燕、曾沛、初润洁等设计的重庆方言特征词语"摆龙门阵"的视觉设计作品。作品以富有情节性的人物对话场景表现方言特征词语"摆龙门阵"的概念性内涵，容易引起受众丰富的想象，增强了感染力，别具幽默风趣的意蕴。

从内容角度加强方言视觉设计的趣味性，还可以从设计版面中的解释性方言语句着手。时悦（2016）指出，每个人对于设计的理解都是不同的，同一个东西也许不同的人会理解为不同的事物，而设计者如何引导人们理解自己设计的出发点，就需要适当的语言艺术。从这一点出发，设计者就必须打破设计版面中解释性语句久用成习惯、缺乏新鲜感的语言常规常识，要对普通的语言加以变形，赋予那些人们习以为常的意义以一种新的、具有审美价值的语言表达形式；与语言常规形式相比，这种非常规表达形式在受众心中必然产生巨大的信息落差，给读者带来新奇的接受体验[1]，这也可以助力于提升整体设计的趣味性。例如：

①无趣的油辣子千篇一律，优秀的油辣子万里挑一。
②没有什么事情是一顿火锅解决不了的，如果有，那就两顿。
③没心没肺，活得不累，我斗是个瓜娃子。
④冬天也要妖艳儿起来呀，给重庆点颜色看看！
⑤重庆崽儿最千翻儿，重庆崽儿么不倒台。
⑥在重庆，有一种滑梯叫梭梭摊儿。
⑦捞马马肩是每一个重庆老汉儿的必备技能。
⑧重庆男人的第一个弟兄伙斗是各人的老汉儿。

---

[1] [苏]什克洛夫斯基.散文理论[M].南昌：百花洲文艺出版社，1994：10.

⑨堂客是一个家庭的"天选打工人"。

⑩山城棒棒军，挑起一个家，担起一座城。

另外一方面是积极提升方言视觉设计形式上的趣味性。现实生活中，人们往往总是对非常规的东西产生浓厚的兴趣：视觉设计时有意识地把非常规的、不合逻辑的东西展现在人们的眼前，有意识地破坏、打破常规，在这些冲击和碰撞中，造成真实与虚幻之间的一种对比反差，总是能给人以强烈的视觉冲击[1]。因此，可以巧妙运用夸张、比喻、比拟、借代、谐音、变形等创作手法，借鉴波普艺术、孟菲斯风格或者扁平化风格，实现方言视觉设计中现实与虚幻、真实与荒诞之间的碰撞与交融，从而给人视觉上的震撼和心理上的愉悦。例如夸张是艺术创作的基本原则，方言视觉设计也可以通过虚构把方言词代表事物的某个部分的特点进行夸大，赋予人们一种新奇与变化的情趣。

---

[1] 时悦.浅析平面设计中的趣味性[J].艺术品鉴，2016（2）：24.

第四章
方言视觉设计的形式与方法

方言是听觉符号,大都没有标准的文字记录[①],但所有方言都具有语音、词汇和语法结构系统。汉语各大方言都是从古汉语发展而来的,它们是亲属方言,有共同的词汇、共同的语法结构和语法手段,它们的语音系统有共同的历史来源[②]。一般认为,各种方言之间语音的差异最大,词汇的差异次之,语法的差异最小。但近几十年来,人们逐渐认识到词汇特征对于区分方言的重要性,或者说词汇体现出来的某些显著特征对于区分方言发挥的作用不亚于语音方面的特征。如詹伯慧、黄家教(1963)指出,事实上,对于任何一种语言(或方言),词汇上的特征,比之语音上的特征来,其重要性总是有过之而无不及的。他们还引用斯大林在《马克思主义与语言学问题》中的一句话加以佐证:语言的语法构造和基本词汇是语言的基础,是语言特

---
① 黄思贤,刘悦.再论方言文字的界定与分类[J].海南师范大学学报(社会科学版),2016(4):106.
② 游汝杰.汉语方言学教程[M].上海:上海教育出版社,2004:23.

点的本质①。另外，詹伯慧（1991）进一步论证，方言中蕴藏着大量富有地方色彩的独特词语，只要我们深入考察，便可以从中选取一些"只此一家"的典型方言词语，用来作为识别某一方言的特征条目，如闽方言词库中的"箸"（筷子）、"厝"（房子）、"鼎"（铁锅）、"冥"（夜晚）这类独特的方言词，在现代汉语共同语及其他方言中都很难见到，而在闽方言中却普遍存在，这类词语完全可以用来作为辨认闽方言的标志。李如龙（2001）也通过对官话区和非官话区词汇的比较对方言之间语音差异最大的说法提出了怀疑。

我们赞同詹伯慧、黄家教（1963），詹伯慧（1991），李如龙（2001）的观点。词汇是语言大厦的建筑材料，是构筑语言大厦的"砖"和"瓦"，没有词汇，便没有语言。人们学习任何一门语言，词汇学习都是语言学习的基础，因为人们的思维活动和思想交流都是通过词与词构成的句子来实现的②。词汇作为语言的建筑材料，直接反映着使用某种语言的人民生活中所发生的变化，直接反映着人们对客观事物、现象的认识的广度和深度。因此，在语言的三要素中，词汇最能够反映语言的发展状况，一种语言的词汇越丰富、越纷繁、越细致，这种语言就越发达③。

对于方言来说同样如此：在方言的三要素中，最能体现方言特征的要素就是词汇。不同地区的人们用方言进行沟通可能会遇到交际上的障碍，这种障碍主要来自词汇。因此，我们综合比较方言中语音、

---

① 斯大林.马克思主义与语言学问题[M].北京：人民出版社，1971：24.
② 姜奕.浅谈英语词汇教学的原则[J].武汉市教育科学研究院学报，2001（5）：58.
③ 黄伯荣，廖序东.现代汉语（增订六版）上册[M].北京：高等教育出版社，2017：200.

词汇、语法各要素，认为词汇是方言的主要特色和特征，从而总结出以方言特征词语为核心，融合方言语音与语法两大要素，从文字图形化和概念图形化两个角度将作为听觉符号的方言进行可视化设计的思路，加之综合运用写实、夸张、比喻、比拟、借代、谐音、幽默、变形等创作手法，对方言进行视觉呈现探索，展示方言特有的语境，挖掘方言蕴含的地域文化特色。

一、形式

从视觉设计的角度来看，图形是直接诉求于人的视觉的符号形态，由能指和所指两个部分组成，具有直观性和感染力，传达和表现意义是其基本功能。图形的表意性质使之成为可以传递信息、表达思想、交流情感的视觉符号。与其他视觉符号相比，图形的信息传递和表情达意的优势非常明显：

①图形符号唤起情感的速度更快，情绪感染力更强。图形符号具有视觉上的直观性，可以不通过概念、判断和推理直接向受众传递信息和情感，因而更能吸引观众的注意力，激发观众的情感共鸣，所以说图形符号唤起情感的速度更快，情绪感染力更强。

②图形符号使信息更加直观，更易识别和记忆。观形看像是人类理解现象的本能，是人们与生俱来的一种需要[1]。人类智力发展就是从具象的图形开始起步的，究其原因，还是因为图形通过眼睛就能传输到大脑直接进行认知，无须复杂的概念和判断、推理，因而更生动

---

[1] 毛勇梅.信息时代图形的魅力[J].艺术与设计（理论），2013（3）：35.

形象。也正因为如此，图形符号具有很强的视觉冲击力，能够快速激发受众的识别和记忆。

③图形符号不受语言的限制，表意丰富隽永。因为图形具有世界共通性，因而可以超越国家和民族的语言障碍进行广泛的交流传播。同时，象征性是图形设计的基本手段，读者往往通过图形的表象，去发掘其深层的属性，感受其内在的意义①，因而图形表意含蓄深远、耐人寻味，可以满足人们多元化理解和认知的需要。

与此同时，从受众层面来看，图形符号比其他视觉符号更直接和有刺激力，能够充分激发受众的想象力和画面感，积极营造轻松愉悦的接受氛围，从而抓住受众眼球，满足视觉认知的需求和审美需求，达到受众与设计作品之间的共鸣。因而在方言视觉设计时，以图形为主体表现方言特征词语，能够取得更大的视觉冲击力和更好的艺术效果。

李如龙（2014）指出，方言特征词语是从方言区片的比较研究中提取出来的对内一致、对外排他的有特征意义的方言词，其特征意义主要是体现方言区片之间的异同。对于方言区片以外的人群来说，方言特征词语具有"排他性"，因而不容易理解，但如果使用世界通用的图形去表达方言特征词语的语义，方言区片以外的人群就能通过图形的不同设计形式增强对该方言区片方言特征词语的了解和认识。正如现代著名语言学家索绪尔在《普通语言学教程》里说："要认识一

---

① 毛勇梅.信息时代图形的魅力[J].艺术与设计（理论），2013（3）：34.

个人，与其看他的面貌，不如看他的照片。"[1]我们也可以打一个类似的比喻：要认识一门方言，与其听它的语音，不如看它的图形。

据我们考察，方言视觉设计可以从概念图形化和文字图形化两个视角进行视觉呈现探索。前者是设计者直接将人类大脑中所思、所想、所虑的具象化概念借助于图形化的手段表现出来，以便更加清晰、快捷、有效地传达与沟通信息。后者是设计者先将人类大脑中所思、所想、所虑的抽象化概念转变为词语，再用文字记录它，最后将记录的文字图形化。

（一）概念图形化

概念是思维的基本形式之一，反映客观事物一般的、本质的特征。人类在认识世界过程中，把所感觉到的事物的共同特点抽象出来，加以概括，就成了概念[2]。我们人类所说的每一句话，所想的每一件事情，都必须通过概念来具体表现。

那么，概念是如何表达的呢？前面说过，概念是思维的基本形式之一，而人类的思维是离不开语言的。因此，要想把人们头脑中既看不见也听不到的思想表达出来，只有通过语言中的一个一个的词语来实现。比如，"我去吃饭"这句话中"我""去""吃"和"饭"都可以视为概念。一般来说，在汉语中，各种实词（名词、动词、形容词、数量词等）都表达概念，而只有语法意义没有词汇意义的虚词，

---

[1] [瑞士]费尔迪南·德·索绪尔.普通语言学教程[M].高名凯译.北京：商务印书馆，1982：48.
[2] 中国社会科学院语言研究所词典编辑室.现代汉语词典（第6版）[Z].北京：商务印书馆，2012：418.

一般不表达概念，如助词"的""地""得"等，叹词"呀""啊""吗"等，但虚词中的连词，如"并且""或者""如果……那么……"等，因为有确定的词汇意义，是能够表达概念的，如"如果……那么……"表达了"前者是后者的充分条件"这一逻辑含义[①]。

概念图形化指的是，我们人类大脑中所思、所想、所虑的具象化概念借助于图形化的手段表现出来，以便更加清晰、快捷、有效地传达与沟通信息。在方言视觉设计过程中，对于可以具象化的方言特征词语，借助于图形化手段将这些词语的概念转换成图形或图像，以此来传递信息、交流情感，不仅能吸引受众的注意力，激发受众的阅读兴趣，还能引起受众的情感共鸣。据我们考察，从概念图形化视角开展方言视觉设计有写实型概念图形化和写意型概念图形化两种设计形式。

1.写实型概念图形化

写实型概念图形化指的是选用具体的、真实的人或物的形象、细节、场景等作为图形，直观地描绘或展现方言特征词语的概念性内容。

在图形设计运用中，视觉传达信息愈简单明了，解读性愈明确；需要产生想象的信息传达类型愈多，便会增加对设计形式解读的多重性[②]。所以说，越是真实简单地反映方言特征词语概念性内容的写实图形，越能让受众更快地解读方言特征词语的本质特点，更直观准确地获得方言特征词语的准确信息。如图3所示。

[①] 杨树森.普通逻辑学（修订本）[M].合肥：安徽大学出版社，2003：19.
[②] 平面设计食品包装设计中的写实图形[EB/OL].（2022-04-21）[2022-12-09]. https://www.bilibili.com/read/cv16236921/.

zong¹zongr¹
盅 盅 儿

释义：搪瓷杯。
例句：观音桥这家店吃火锅数盅盅儿。

图3　重庆方言视觉设计作品——盅盅儿

图3是我们指导学生张佳露、袁萍、于海燕、田恬等设计的重庆方言特征词语"盅盅儿"的视觉设计草图。设计者选用具体的事物形象直观地描绘方言特征词"盅盅儿"的概念性内容，传递信息简单明确，便于受众快速解读方言特征词的特点。

2.写意型概念图形化

写意型概念图形化指的是在对方言特征词语进行图形化时，忽略词语概念性内容的外在逼真性，而着意"注重神态表现和抒发作者的情趣"[①]。这种方法是方言视觉设计采用的主要方法。如王曼璐（2020）曾经对烟台方言特征词语"金待银亲"进行视觉设计。"金待

---

① 中国社会科学院语言研究所词典编辑室.现代汉语词典（第6版）[Z].北京：商务印书馆，2012：1442.

银亲"这个词语在烟台方言中是"真招人喜欢"的意思,在夸赞别人的时候使用。作者选用八仙中曹国舅的形象,眼神欣喜地向着面前的金银元宝飞奔过去,一只手还忍不住摆出"喜欢"的手势,形象地描绘出"金待银亲"一词的含义。该作品中的图形所表示的方言特征词语的概念性内容就着意"注重神态表现和抒发作者的情趣",整个作品属于写意型概念图形化方言视觉设计作品。

(二)文字图形化

我国唐代学者孔颖达在《尚书正义》中指出:"言者意之声,书者言之记,是故存言以声意,立书以记言。"①古希腊哲学家亚里士多德在《解释篇》里说:"口语是内心经验的符号,文字是口语的符号。"②现代著名语言学家索绪尔则明确强调:"我们一般只通过文字认识语言。……语言和文字是两种不同的符号系统,后者惟一的存在理由是在于表现前者。"③由此可见,口语是听觉符号,文字是视觉符号,文字是在口语的基础上产生的,是记录口语的书写符号体系,是人类最重要的辅助性交际工具。对于文字的重要作用,索绪尔在《普通语言学教程》里曾经批评了这样一种观点,认为它是一种错觉:文

---

① 李学勤.十三经注疏(标点本)·尚书正义[M].北京:北京大学出版社,1999:1.
② [古希腊]亚里士多德.范畴篇 解释篇[M].方书春译.北京:商务印书馆,1986:55.
③ [瑞士]费尔迪南·德·索绪尔.普通语言学教程[M].高名凯译.北京:商务印书馆,1982:47.

字凌驾于口语之上，至少和语言符号本身一样重要或比它更加重要[①]。实际上，我们反而不认同索绪尔对文字威望的批评，原因正如索氏自己所说[②]：

①首先，词的书写形象使人突出地感到它是永恒的和稳固的，比语音更适宜于经久地构成语言的统一性。

②在大多数人的脑子里，视觉印象比音响印象更为明晰和持久。

③文学语言增强了文字不应该有的重要性：它有自己的词典，自己的语法，学校里按照书本和通过书本来进行教学。

④最后，当语言和正字法发生矛盾的时候，除语言学家以外，任何人都很难解决争端，但是语言学家对这一点没有发言权，结果差不多总是书写形式占了上风。

我们认为，正因为文字记录了语言，才突破了口语在时间和空间上的局限性，从而扩大了语言交际的范围，使得语言更好地促进思维的发展、记录人类的文化、传承人类的文明。

方言历来通行于口语，中国的文化传统中，书面语都是用的统一的民族共同语，方言词语进入书面语的极少[③]。原因大概在于在许多人的传统观念中，掌握共同语的书面文字即可进行日常交际，不需要另行系统地学习和掌握方言书面文字；此外，许多人没有从事方言文学的创作或进行方言文学的阅读，也就缺乏继续学习的内在动力。因

---

① [瑞士]费尔迪南·德·索绪尔.普通语言学教程[M].高名凯译.北京：商务印书馆，1982：48.
② [瑞士]费尔迪南·德·索绪尔.普通语言学教程[M].高名凯译.北京：商务印书馆，1982：50.
③ 李如龙.汉语方言学[M].北京：高等教育出版社，2001：97.

此，许多方言即便是在自身的通行区域内，也难以找到其书面文字生存和发展的土壤[①]。也就是说，方言历来缺少较为标准的、系统的文字记录，只能在没有标准的、系统的文字体系的情况下口耳相传，而这对于任何一种方言的发展和文化的传承来说都不是一件好事。

因此，从必要性上来看，用图形化的文字辅助记录方言文化和传承方言文化十分必要。无论是对方言区内部交流来说，还是对跨方言交际来说，用图形化的文字对方言进行视觉设计无异于为方言设计辅助性质的记录方言文化和传承方言文化的工具，可以弥补本地方言缺少系统的、标准的文字记录的缺憾，对跨方言区的人群来说，如有辅助性的记录工具作为参照，学习其他方言也势必能大大提高学习效率，增进沟通了解。

另外，从可行性上来说，文字是记录口语的书写符号体系，是人类最重要的辅助性交际工具。世界上的文字主要有表音文字和表意文字两大类。关于汉字的起源，中国古代历史传说中，有"结绳""八卦""图画""书契"等说法。这在东汉许慎的《说文解字·序》里有所反映：

古者庖牺氏之王天下也，仰则观象于天，俯则观法于地，视鸟兽之文与地之宜，近取诸身，远取诸物，于是始作《易》八卦，以垂宪象。及神农氏结绳为治，而统其事，庶业其繁，饰伪萌生。黄帝之史仓颉，见鸟兽蹄远之迹，知分理之可相别异也，初造书契。……盖依类象形，故谓之文。其后形声相益，即谓之字。

[①] 翁劲.浅谈方言中的"正字"问题——以福州方言为例[J].中文信息，2019（1）：198.

鲁迅先生从这些传说以及相关记载里得出这样的结论[①]，中国汉字的基础是象形，"会意""转注""假借""指示""形声"等是以后的发展，但无论怎样发展，"那基础并未改变"。所以，总体而言，汉字产生之初就是一种象形的"图画"，即使发展到现代仍未摆脱表意的藩篱。这就为利用汉字形体的变化与造型进行图形化以开展方言视觉设计提供了重要手段和工具。设计师可以借鉴表意性质的汉字笔画走势带来的灵感，对笔画线条进行伸展和变形，改变汉字原有形态，使设计出的文字具有立体感的视觉效果[②]。

文字图形化主要应用于人类大脑中所思、所想、所虑的抽象化概念的图形化。这些概念内容难以通过直观、形象的图形或图像展示出来，只有先转变为词语，再用文字记录它，最后将记录的文字进行图形化设计。根据我们的考察，从文字图形化视角开展方言视觉设计有替代型文字图形化和重构型文字图形化两种设计形式。

1. 替代型文字图形化

所谓替代型文字图形化就是用图画替代记录方言特征词语的汉字中的部分或全部笔画形成新的文字图形以表达方言特征词语的涵义。方言视觉设计利用汉字的表意特征，将记录方言特征词语的汉字中的部分或全部笔画用图案、图形进行替换或填补，形成新的更加直观和形象的文字图形，既保持了原本受众对此类图像的阅读习惯，又带来新的富有趣味性的视觉呈现形式，使得受众更容易接受方言文字所传

[①] 鲁迅.鲁迅全集[M].北京：人民文学出版社，1972：91.
[②] 王曼璐.烟台方言在城市文化中的视觉设计应用研究[D].青岛：青岛大学，2020：20.

达的内容。

替代型文字图形化方言视觉设计有两种类型。第一种类型是将记录方言特征词语的汉字中的部分笔画用图案、图形进行替换。如张博雅（2019）曾经对东北话"熊瞎子"进行视觉设计。东北有句老话"一猪二熊三老虎"，其中猪是指乌苏里野猪，而熊就是有着"熊瞎子"之称的黑熊。"熊瞎子"在东北地区的涵义有很多种，形容专横跋扈的人就叫"熊瞎子打立正——一手遮天"，而比喻软弱无能的则可用"熊瞎子把门——熊到家了"，做了吃力不讨好的事就来一句"熊瞎子推碾子——挨累还闹个熊"等①。可见，"熊瞎子"在当地方言中极具文化特色。张博雅（2019）抓住这个方言特色词语的特征，将"熊"这个汉字的一部分部件用真实的熊的形象进行替换和填补，形成了变化感和形象感，激发了受众的发散思维，引起了受众对地域文化的心理共鸣。

第二种类型是将记录方言特征词语的汉字中的全部笔画用图案、图形进行替换。如长沙市UI设计师"漪雪雪"曾经制作《文化湖南·大美印象》系列海报并发表于站酷网②。设计师指出，蛮是先秦非华夏民族的泛称之一，秦汉至魏晋南北朝为南方少数民族的泛称，湖湘文化的特质可以用一个"蛮"字来概括。因而长沙方言中"蛮"是一个特色词语。设计者利用长沙本土文化中的"辣椒""臭豆腐""东江鱼""莲蓬""麻辣龙虾"元素构成长沙方言中代表湖湘文化特质的

---

① 陈薇.东北方言熟语的修辞特色[J].唐山学院学报，2012（4）：43.
② 大美湖南——招贴海报[EB/OL].（7年前）[2022-12-09].https://www.zcool.com.cn/work/ZMTM3NDQ4MTI=.html.

"蛮"字，文化元素融合自然，字体造型结构巧妙，色彩搭配富有感染力，充分表现了湖南人坚忍不拔、果敢刚毅的霸蛮精神，是汉语方言视觉设计中不可多得的精品。

2.重构型文字图形化

所谓重构型文字图形化就是对记录方言特征词语的汉字形体进行重新解构形成新的文字图形以表达方言特征词语的涵义。通用汉字的形体是标准的、规范的字体，重构就是对记录方言特征词语的标准和规范的通用汉字的形体进行重新解析，或者笔画共用，或者笔画相连，或者笔画交叉，或者笔画分解，或者笔画拉伸，或者笔画扭曲，以形成异于标准和规范的通用汉字的文字图形表现方言特征词语的涵义，起到陌生化的审美效果，吸引受众的注意力。如南京市平面设计师"Fansbjt"曾经制作南京方言字体海报并发表于站酷网[1]。作者对记录南京方言特征词语的汉字"該應"的字体进行重构，将两个字中的部分点与横相连，将言字旁中的短横交叉在一起，将心字底的斜钩分解为两竖和一横，形成的新的文字图形总体呈现出较为方正的造型，给人一种新奇感和陌生感。

二、方法

方言本质上是听觉符号，口耳相传，瞬息即逝。因此现代人要想研究古代方言，是很难找到某方言的书面证据的。一般来说，只能从古代的方言学专著中寻找研究材料，如汉扬熊的《方言》，晋郭璞的

---

[1] 南京方言字体海报[EB/OL].（2年前）[2022-12-10]. https://www.zcool.com.cn/work/ZNDM0OTQ1NTY=.html.

《方言注》，明李实的《蜀语》，冯世杰、野常三郎、高本常次郎的《燕语新编》，陈虬的《瓯文音汇》等①。视觉符号是符号的一种，是指人类的视觉器官——眼睛所能看到的，表现事物一定性质（质地或现象）的符号，由线条、光线、色彩、张力、表现、平衡、形式等符号要素所构成②，具有通用性、简明性和美观性特点。在生活中，凡是能表达一定意义的视觉形式，如文字、图片、海报、图形、摄影、广告、包装、标志等，都属于视觉符号。那么，在方言视觉设计时，如何通过方言特征词语的创意设计把作为听觉符号的方言转化为受众喜闻乐见、通俗易懂的视觉符号呢？

我们在实践中探索发现，方言特征词语的视觉设计大概有写实、夸张、比喻、比拟、借代、谐音、幽默、变形等创作手法。

（一）写实

艺术创作来源于生活，又高于生活，表现在绘画领域，呈现出写实与写意的分野。写实因此成为艺术创作的基本手法之一。早在古希腊时期，就已经产生了大量着重于对人体美进行还原与再现的写实艺术作品③。这与中国古代文人画不求形似只求神似形成鲜明对比。"写实"一词最初是通过文学领域被引入到中国来的④：早在1902年，梁启超就在其文章《论小说与群治之关系》中将小说分为"写实派"与

---

① 游汝杰.汉语方言学教程[M].上海：上海教育出版社，2004：143-144.
② 史婧炜.传播学视域下视觉符号解读及其层次探析[J].大众文艺，2012（20）：49.
③ 郜世杰.当代水印版画写实语言的意味探索[D].昆明：云南艺术学院，2022：1.
④ 牛漫青.20世纪早期的中国画"写实"及其实践方式[D].天津：天津大学，2017：8.

"理想派"。1919年,陈独秀将写实的目光投注到美术上、绘画上,由此,"写实"一词进入中国艺术界。在艺术领域,写实被定义为艺术家通过对外部真实物象的观察和描摹,以自身亲历的感受和理解来再现外界的物象的艺术创作手法。

当然,我们在进行方言视觉设计时,进一步扩大了写实艺术的范围,把照相机拍摄得到的图片以及依据该图片进行处理的图片也纳入写实作品的范畴。所谓写实指的是以真实物象的图画传达方言特征词语的概念内容的手法。这种手法创作的方言视觉设计作品,所见即所得,人或物的刻画直接、逼真,富有朴素的感染力和生活的真实感,可以直观、形象地传达方言特征词语的语义信息。

(二) 夸张

在语言学领域,夸张是一种修辞格,指的是故意言过其实,对客观的人、事物作扩大或缩小或超前的描述[①]。它对事物的某方面的特征加以合情合理地渲染,使人感到虽不真实,却胜似真实。

平面设计领域借用夸张的修辞格,是使设计对象的某个特征表露无遗,对它的形象、特征、性质、作用、程度等的某个方面着意夸大、缩小等,从而达到比例夸张、表情夸张、动作夸张、性格夸张、程度夸张、作用夸张等的方法。我们对方言特征词语进行视觉设计,也可以采用夸张的图形或图画传达方言特征词语的概念性内容,对人物以及事物的某个突出特征进行突出渲染,使之具备很强

---

① 黄伯荣,廖序东.现代汉语(增订六版)下册[M].北京:高等教育出版社,2017:200.

的视觉冲击效果，可以引起人们丰富的想象，激发人们的认知兴趣。如"南京微时代"曾经设计《插画|第一期　这些你不可不知的南京方言!》并发表于搜狐网①。作者为了突出眼泪这个事物的外部形象，在设计时故意将人的头部和眼泪的外形进行夸大，产生了明显的视觉对比效果。

（三）比喻

比喻是文学语言中应用最广泛的一种修辞格，是指用本质不同又有相似点的事物来描绘另外一种事物，或者用某道理说明另外一种道理的修辞手法。作用有三②：一是使深奥的道理浅显化，帮人加深体味；二是使抽象的事物具体化，叫人便于接受；三是使概括的东西形象化，给人鲜明印象。

平面设计领域里，比喻也是设计师们经常使用的手法之一。设计师通过对设计对象的分析、理解和联想，找到设计对象和设计成品之间的相似点和相异点，用人们熟悉的图形表达设计对象的内在涵义，这样制作而成的设计成品视觉效果突出、创作手法独特，给受众一种由此及彼的无尽的想象空间。方言视觉设计时，地域方言中表达抽象的事物或者道理的特征词语一般不易通过视觉的方式加以呈现，但是比喻的设计手法往往能解决这个问题。一旦设计师发掘出一个恰当的比喻图形创意，就会赋予设计画面极高层次的精神象征。如戴秀珍

---

① 插画|第一期　这些你不可不知的南京方言![EB/OL].（2016-08-11）[2022-11-22]. https://www.sohu.com/a/110044061_432540.

② 黄伯荣，廖序东.现代汉语（增订六版）下册[M].北京：高等教育出版社，2017：191.

（2015）曾设计粤方言视觉设计作品——捞鸡。"捞鸡"这个方言特征词语表达的意义是"捞到好处"，从概念上说比较抽象，不易通过视觉方式表达。但是戴秀珍（2015）把抽象概念"好处"比喻为具象的"鸡"的形象，使得概括的东西形象化、具体化，把"捞到好处"设计成"捞鸡"，给人耳目一新的感觉，获得了"婉转曲折"的艺术效果。

（四）比拟

根据想象把物当作人或把人当作物写就是比拟：这种修辞手法具有思想的跳跃性，能使读者展开想象的翅膀，捕捉它的意境，体味它的深意[1]。正确使用比拟，可以使读者不仅对所表达的事物产生鲜明的印象，而且可以感受到作者对该事物的强烈情感，从而引起共鸣。

从平面设计的视角来看，比拟经常使用的手法是拟人。具体是通过想象、虚构、假设等思维方式，抓住人的表情特征、思想感情、动态特点等作为图形设计的突破口，把其他事物的形象与人的形象或性格特征有机地联系起来，赋予形象真实感和生命力，使形象更具人性化，富有亲切感，有利于图形与受众之间感情的交流[2]。在方言视觉设计实践中，设计师通过天马行空的想象和虚构使方言特征词语代表的事物具有人类的某些思想、动作或特征，增强了设计图形的亲和力和幽默感。如"触摸重庆"曾经制作重庆方言插画作品并发表于搜狐

---

[1] 黄伯荣，廖序东.现代汉语（增订六版）下册[M].北京：高等教育出版社，2017：196.

[2] 李勇.浅析修辞手法在平面设计中的创意表现[J].剑南文学（经典教苑），2012（2）：85.

网[1]。作者用拟人化的手法设计制作方言插画作品，增强了作品的亲和力，表现风格更加幽默风趣，拉近了设计作品与受众之间的心理距离。

拟物是比拟的另外一个类别。运用拟物的手法设计方言特征词语，一般是采用角色化的形象去代替另一个事物，使得受众看到前者之后能够在意念上和心理上唤起对后者的一种全新而深入的认识。这要求所拟之物要和被拟之物在性格、形态和动作等方面有相似或相近之点，这样才能让受众产生视觉冲击力和心理吸引力，从而刺激情感信息的传递，引发共鸣。如封面新闻2017年5月曾报道成都姑娘姚果果用大熊猫的形象设计制作成都方言视觉设计作品[2]。成都方言特征词语"妖艳儿"和"耙耳朵"都是描写人的词语，作者以四川的标志性事物——大熊猫的形象来展现这两个描写人的词语，作品栩栩如生，使人倍感可爱和亲切。

（五）借代

借代是汉语修辞学中的一种常见修辞手法，指的是不直说某人或某事物的名称，借与它密切相关的名称去代替[3]。这种手法可以引人联想，使表达收到形象突出、特点鲜明、具体生动的效果。

在方言视觉设计过程中，借代手法的运用也比较常见。一般是不直接地表现方言特征词语代表的事物，而是借用其形态特征或属性等

---

[1] （第八集）【方言版】重庆话说英语，一开口就笑尿了[EB/OL].（2016-02-21）[2022-12-22].https://www.sohu.com/a/59846516_355604.

[2] 小学生手绘熊猫吃莽莽　图画教你你说方言[EB/OL].（2017-05-04）[2022-12-22].https://www.thecover.cn/news/333878.

[3] 黄伯荣，廖序东.现代汉语（增订六版）下册[M].北京：高等教育出版社，2017：197.

与之密切相关的事物来替代该事物，巧妙地进行偷梁换柱，产生一个既有密切关联又有巨大变化的新形象。如"南京微时代"曾经制作《插画|第一期　这些你不可不知的南京方言!》并发表于搜狐网[1]。作者为了表现糟老头的形象，使用人物的典型特征——须发花白的头部并进行夸大来代替本来的人物形象。作品没有写实性地去描绘糟老头的本来面目，而是采用借代的创作手法来凸显这个词语的外在特征，这种奇特的视觉符号富于轻松愉快的趣味性，使得受众产生一种幽默诙谐的感受。

（六）谐音

语言中，音节比词的意义要少。汉语中普通话语音的基本音节只有410多个，加上声调的区别也只有1200多个[2]。因而要用这么少的音节表达汉语中数万个语素的语音，不可避免地会出现音同或音近的现象。说话人主动利用音同或音近现象来表情达意，于是就产生了谐音的修辞手法。

在修辞学领域，谐音指的是利用汉字同音的条件，用同音或近音字来代替本字，产生辞趣的修辞格。使用谐音，可以使得一种语言形式关顾表里两层含意，其中蕴含的不直接说出来的含意是表意所在，既要含而不漏，又要使人体会得到，寻味得出，目的在于收到含蓄委

---

[1] 插画|第一期　这些你不可不知的南京方言![EB/OL].(2016-08-11)[2022-11-22].https://www.sohu.com/a/110044061_432540.

[2] 付凯琳.产生"谐音"的手段[J].四川外语学院学报，1992（1）：77.

婉、幽默风趣的效果[1]。

从历史上来看，方言一向使用于口语，没有形成标准的、系统的文字记录，因此不同方言区的人们在表达方言词语时通常喜欢用同音字或近音字来代替。方言视觉设计恰恰可以利用字、词在语音上所具备的谐音关系进行联想，将方言特征词语谐音成一个风趣幽默的表达形式，形成一表一里、一明一暗的双重意思和言在此而意在彼的表达效果。如济南插画师"添末儿TIMO"曾制作芜湖方言视觉设计作品并发表于站酷网[2]。作者对芜湖方言特征词语"滑板鞋"进行视觉图形设计。他利用方言中"鞋"与"孩"的谐音，将鞋子和孩子融为一体进行设计，作品呈现出来的整体效果委婉曲折，生动活泼。

（七）幽默

幽默法[3]是指巧妙地再现戏剧性特征，抓住生活现象中局部性的东西，通过人们的性格、外貌和举止把某些可笑的特征表现出来。使用这种方法时，往往运用饶有风趣的情节、巧妙的安排，把某种需要肯定的事物，无限延伸到漫画的程度，造成一种充满情趣，引人发笑而又耐人寻味的幽默意境。

方言视觉设计时，也可以运用幽默法，将方言特征词语的局部意象用某些可笑的表现形式进行巧妙替换，这种不合情理、毫不相干的

---

[1] 黄伯荣，廖序东.现代汉语（增订六版）下册[M].北京：高等教育出版社，2017：204.
[2] 《芜话不说》——芜湖方言插画设计[EB/OL].（4年前）[2022-11-04].https://www.zcool.com.cn/work/ZMzEwMDUyMjA=.html.
[3] 韩笑.趣味性在平面设计中的运用[J].廊坊学院学报，2011（3）：46.

意象组合在一起，令人印象深刻，能够给受众提供趣味性的审美空间。如齐鲁医院医疗队与复旦大学附属中山医院一位网名叫二师兄的医生合作创作武汉方言视觉设计作品——条举，发表在"猫大夫医学科普"头条上[①]。作者用一个扛着扫帚的人体和猪八戒的头部形象融合而成的图形来表达武汉方言中的"扫帚"。其中正常的人体头部的形象被猪八戒的头部形象替换了，这样扛着扫帚的人体和猪八戒的头部这两个毫不相干的意象组合在一起，让人忍俊不禁，留下深刻印象。

（八）变形

变形法是文字图形化方言视觉设计主要采用的方法。基于汉字的表意性质，设计者将方言文字中的部件或笔画进行变形，有的用图案、图形替换，有的通过交叉、相连、共用、分解、扭曲、拉伸等方式改变部件或笔画的形态。变形后的字体改变了通用汉字标准、规范的外形，给受众一种陌生感和新奇感，有效增强了方言文字的视觉美。使用变形法创作的视觉设计作品富于感染力和设计感，可以满足人们喜好奇异多变的审美情趣的需求，给受众留下深刻印象。

如冯丽斯（2020）曾为雷州方言特征词语"金瓜"设计视觉作品。作者通过对方言文字"金瓜"进行变形设计，用南瓜、藤蔓的图案代替方言文字中的某些笔画，将文字的形状和词汇的意象融合设计成图形文字。受众看到这个图形文字，就会唤起方言特征词语"金瓜"的意象，从而了解到图形文字所蕴含的概念性意义。

---

① 支援武汉咋和当地人沟通？方言手册了解一下（1）[EB/OL].（2020-03-05）[2022-11-02]. https://www.sohu.com/a/377976599_120569562.

第五章
方言视觉设计的要素与构图

一个出色的方言视觉设计作品包含文字、图形、色彩三个要素。文字是方言特征词语的标识,主要作用是对方言特征词语的概念性内容进行阐述和表达,提高方言视觉设计作品的艺术品位和文化内涵。图形直观、形象地传达方言特征词语的概念性内容,是方言视觉设计作品的主体构成要素。色彩是方言视觉设计领域的一个非常重要的元素,能够对受众起到先声夺人的作用。与此同时,方言视觉设计作品在构图上必须遵循突出主体和追求和谐两大法则,在版式上大概有横向分割、纵向分割、中心发散、满版、穿插、点缀、斜割、中轴等类型。

一、要素

视觉设计是艺术学概念,是从视觉传达设计(Visual Communication Design)发展演变而来的,指的是利用视觉符号传达信息,进行沟通的设计[1]。主要类型包括标志设计、包装设计、字体设计、书籍设计、广告设计、人机交互界面设计等，文字、图形、色彩是其基本要素。随着社会的发展和技术的进步，视觉设计的内容基本涵盖了人类生活的方方面面，延伸到一切跟视觉和信息相关联的产业或领域。

方言视觉设计本质上属于视觉传达设计的一个类型，指的是运用视觉设计理念，充分挖掘汉语方言内容及形式上的特征，将作为听觉符号的方言转化成以图形作为载体的视觉符号，并在此基础上开展方言创意产品开发，使得人们能够更加直观地理解方言特色文化的意义表征，从而为方言保护与传承提供新的途径。在新媒体时代，设计者充分利用新媒体技术通过各种手法将作为听觉符号的方言信息转换为视觉符号。我们考察众多案例发现，文字、图形和色彩作为视觉符号的重要元素能够充分满足方言视觉设计的创作需要。如王曼璐（2020）设计以图形为主体的烟台方言视觉作品——熊乎。文字、图形和色彩是概念图形化方言视觉设计作品的必备要素。张博雅（2019）设计以文字为主体的辽沈方言视觉作品——吧吧。文字、图形和色彩也是文字图形化方言视觉设计作品的必备要素。

从视觉设计实践来看，一个完整的方言视觉设计作品必须包含文字、图形和色彩三要素。与此同时，出于表意的需要，图形信息是不可或缺的，文字信息有时可以缺席，色彩依附于前两者存在，起到辅助作用。

---

[1] 王彦发.视觉传达设计原理[M].北京：高等教育出版社，2008：1.

(一)文字

文字在语言的基础上产生,是记录语言的书写符号系统,是人类最重要的辅助性交际工具。在人类漫长的发展历史中,文字辅助语言,起到记录和传递语言和文化的作用。如古埃及文字以丰富的线条、仿物象的写实性将文字记录在石器和草纸上,苏美尔人的近两千余个楔形文字写于泥板上,少数写于石头、金属或蜡板上,更是具有独特的象征意义[①]。

汉字作为中华民族最宝贵的文化遗产,从甲骨文、金文、篆体、隶书、楷书到行书,记载了中华民族悠久的历史和璀璨的文化。尤其是随着计算机技术的飞速发展,汉字形体已经从传统字体向数码字体转变,从标准字体向自由字体转变:它不仅仅记录和传递基础的语义信息,还发展成为一种艺术表现手段。所以从艺术设计的角度来说,文字已经成为视觉设计的基础性元素,主要作用在于传递设计作品的主要语义和设计诉求,提升设计作品的艺术品位和文化内涵,具有不可替代的作用与价值[②]。如广东工业大学艺术设计学院罗胜京老师曾经设计作品"不良网络　恶如蛇蝎"[③]。作品中除了图形和色彩之外,在作品的左上角还有文字信息——"不良网络　恶如蛇蝎"。该文字就是视觉设计作品语义表达和设计诉求的主题。再如内蒙古科技大学艺术与设计学院刘薇老师设计作品"母爱·怀抱"[④]。作品中除了用母亲怀抱婴儿的图形表达母亲的怀抱之外,还用柔和的线条构筑的文

[①] 马丽.新媒体视野下视觉传达设计要素分析[J].中国出版,2018(23):58.
[②] 侯杰.浅析视觉传达设计中的视觉要素[J].传播力研究,2019(21):234.
[③] 罗胜京.罗胜京视觉设计作品[J].艺术百家,2009(1):210.
[④] 罗胜京.罗胜京视觉设计作品[J].艺术百家,2009(1):210.

字形象升华了作品的意蕴，即母亲的怀抱是轻柔的、舒缓的。在这幅作品中，文字不仅传递出设计作品的语义主题，还促使其艺术品位得到提升，文化内涵得到丰富。

文字应用于方言视觉设计，成为方言特征词语的标识，主要作用是对方言特征词语的内涵进行阐述和表达，同时也能提高方言视觉设计作品的艺术品位和文化内涵，便于方言区内外的受众准确识别设计对象。任何一个方言视觉设计作品都必须包含文字要素。一般来说，包含方言词、拼音、注释、例句、LOGO等。其中方言词是必备要素，拼音（国际音标）、注释、例句、LOGO等在设计时可以出现也可以不出现。

我们对方言视觉设计作品进行考察发现，作品中的文字信息是记录方言词的汉字，字体运用比较活泼。设计时，可用字体大概有书写体（力度、意境和情感的统一体，既包含了抽象符号的内涵，也折射出象形文字的特征）、印刷体（笔画清晰，端正匀称：黑体浑厚有力，楷体柔和丰满，宋体规整大方，仿宋体挺拔秀丽）和美术体（可对字形和字体进行最大化变形和转化以达到最贴近视觉传达设计要求的视觉效果）等三种，设计者需了解不同字体类型特征和应用背景，才能选取适当字体进行融合应用，以达到优化整体设计效果的目的[①]。

（二）图形

思想、情感、信息都是一种抽象的形态，看不见、摸不着；人们

---

① 李慧.基于视觉传达设计的文字应用研究[J].景德镇学院学报，2021(1)：114.

在进行思想、情感、信息交流时需要用一种可以被我们感官感知的物质形态来负载抽象形态的意义,这样才能实现交流过程[1]。图形就是一种可以被我们感官感知的物质形态。该词译自英文"graphic",包含了以下几个含义[2]:

①由绘、写、刻、印等手段产生的图像记号。

②是说明性的图画形象,以区别于词语、语言、文字的视觉形式。

③可以通过各种手段进行大量复制。

④是传播信息的视觉形式。

在汉字产生之前的年代里,图形是人们传递信息和交流情感的重要工具。如岩洞壁画中的符号、陶罐上的刻符、青铜器上的族徽、彩陶上的花纹、远古部落的图腾等等。发展到现代社会,1938年,德国哲学家海德格尔在《世界图像的时代》一文中提出了"世界图像"的概念,指出世界将作为图像被把握和理解[3]。尤其是随着新媒体技术、虚拟现实技术的不断进步,传统的文字信息传播不能满足现代人的工作和生活需要,他们在纯文字的信息面前驻足的时间越来越短,转而将目光投向可以看的图形和图像。以图形和图像为代表的视觉符号成为信息传播的主角,文字则沦为辅助和补充,可以说,读图时代的来临使得可视化的图形代替了纯文字作为信息传播和情感交流的主要手段和载体。在我们人类周围,从艺术设计、印刷媒体、多媒体到网

---

[1] 董卫星.平面设计中的图形与传达[J].装饰,2000(4):67.
[2] 宋忠元,毛德宝.平面设计[M].杭州:中国美术学院出版社,2008:29.
[3] 孙周兴.海德格尔选集[M].上海:三联书店上海分店,1996:899.

络，图形、图像无处不在，人们越来越依赖于图形、图像传播信息[1]。相较于其他视觉符号，图形或图像在一瞬间就能够抓住受众，吸引其目光并且可以清晰地传达出一组数据或一件事情，同时还能让受众产生深刻的印象[2]。

在设计领域，图形成为广泛使用的视觉传达信息的符号之一。实际上，随着数字科技的发展，视觉设计的媒介和手法进一步多元化，"图形"这个词的内涵得到进一步丰富。除了宋忠元、毛德宝（2008）所指出的图形之外，从利用数字化技术产生的图形到由光学设备和其他新技术条件产生的影像，都包含在图形这一概念中[3]。

在我们开展方言视觉设计时，图形因其能够直观、形象地传达方言特征词语的概念性内容，成为方言视觉设计作品的主体构成要素。从满足"易于受众理解""表现地域特色""追求审美价值""增强表达趣味"四个方言视觉设计原则来说，图形采取何种艺术风格，对受众有着不同的情感引导，所呈现的视觉效果、传递的信息诉求就有所不同，如扁平化设计风格围绕方言特征词语的概念性内容本身而呈现，去繁就简，强调抽象、极简和符号化，新古典主义风格崇尚古风、理性和自然，注重细节，中国风格借用中国传统文化元素或符号，并以现代设计手法表达诠释，体现中国味道，手绘风格利用手工绘画形式轻松、愉悦、幽默传达汉语方言特征词语的概念性信息，受

---

[1] 徐琳哲.图形在视觉设计中的信息传播[J].美与时代（上），2010（5）：39.
[2] 李飞，孙婷婷.读图时代背景下信息图形化设计探析[J].知识经济，2018（10）：112.
[3] 何宇.平面设计中图形的多元化表现和阐释[J].南京艺术学院学报（美术与设计），2018（6）：155.

到年轻群体青睐，水彩风格有着变化无穷的色彩、特色的水韵和透明的质感，效果清新明快，设计师可以根据不同设计需求加以选用[①]。总体而言，方言视觉设计作品中的图形大概有两类。一类是图画类，另一类是文字类。

需要说明的是，我们不把文字本身作为图形看待。只有利用汉字的表意性特征，对汉字形体中的笔画或部件进行变形，改变其形态与外形，使得设计出的汉字具有图画性质才看作图形。

（三）色彩

人类从出生开始，首先通过视觉来认识和把握世界。据考察，人类在感知世界的过程中，有83%的信息量来源于视觉感知，听觉获得的信息仅占11%，而其余的6%则是来自于其他感官系统[②]。色彩就是光和世界的万事万物同人类眼睛的生理机能相反应并传到人类大脑的视觉现象。正是因为视觉器官对色彩的感知，人类才能领会大千世界的绚烂多彩，体会生命的靓丽本色。

在漫长的历史发展长河里，色彩给予人类的不仅仅是一种直接的生理体验，更是一种间接的文化反应。据我国古代文献和地下考古发掘反映，先民在生产劳动中善于发现和利用颜色，新石器时代陶器上的彩色花纹，远古时代的岩洞彩绘等，都说明先民能够较好地利用天

---

① 刘芳.浅谈"读图时代"下信息可视化设计需求[J].艺术大观，2020（16）：57.
② 胡明燕.对外汉语课堂中学生对非语言符号接收效果的考察与分析[D].上海：复旦大学，2011：18.

然矿物和植物制造不同颜色[①]。到了文明开化的年代，秦人尚黑，汉代尚赤，唐代以后黄色成为封建帝王专用颜色：颜色成为封建王朝权力的象征。如今，五颜六色走进寻常百姓的生活中，不再成为权力的附庸，却时时刻刻反映人们的心理感受。如红色给人积极、跃动、温暖的感觉，蓝色给人恬静、消极的感觉，绿色与紫色是中性色彩，刺激小，使人产生休憩、轻松的情绪，可以避免产生疲劳感[②]。同时，色彩往往跟某些事物紧密关联，因而当人们看到某种色彩的时候往往容易联想到跟这种色彩有关的各种事物，如黄色与香蕉，绿色与绿叶，白色与雪等。这种联想一旦社会化，色彩就会成为某种具有普遍意义的象征。

表2 色彩象征表[③]

色调	象征含义
白	欢喜、明快、洁白、纯真、神圣、素朴、清楚、纯洁、清净、信仰
黑	寂静、悲哀、绝望、沉默、黑暗、坚实、不正、严肃、寂寞、罪恶
红	喜悦、热情、爱情、革命、热心、活泼、诚心、幼稚、野蛮
橙	快活、华贵、积极、跃动、喜悦、温情、任性、精力旺盛

---

① 李晓华，刘宗彬.中国古代的颜色文化[J].井冈山师范学院学报（哲学社会科学），2004（3）：31.

② [日]滝本孝雄，藤沢英昭.色彩心理学[M].成同社译.北京：科学技术文献出版社，1989：38.

③ [日]滝本孝雄，藤沢英昭.色彩心理学[M].成同社译.北京：科学技术文献出版社，1989：44.

续表

色调	象征含义
黄	希望、快活、愉快、发展、光明、欢喜、明快、和平、轻薄、冷淡
绿	安息、安慰、平静、智慧、亲爱、稳健、公平、理想、纯情、柔和
蓝	沉静、沉着、深远、消极、悠久、冥想、真实、冷静、冷冷清清
紫	优美、神秘、不安、永远、高贵、温暖、温柔、优雅、轻率

在视觉设计领域，有这么一种说法："当人们首次接触一件设计作品时，最先获取其注意力的，就是作品的颜色，其次是图像，最后才是文字。"[1]由此可见，色彩是视觉设计领域的一个非常重要的元素，能够对受众起到先声夺人的作用。当然，对于色彩的使用来说，有一个重要特点必须明确，那就是色彩要素无法单独使用，必须有承载物才能带给人生理和心理感受，色彩必须附着在图形、文字等实物载体上才能发挥作用。另外，在色彩的使用过程中也要充分考虑到使用的基本原则和方法，不能漫无目的地使用色彩元素：色彩具有其基本的属性即明度、饱和度、冷暖，色彩的面积分配需考虑到主色、辅色和装饰色的区别等；理性沉稳的设计产品通常选择统一和谐的色调，激烈热情的设计诉求往往选择对比强烈、丰富的色彩构成[2]。

对于方言视觉作品设计来说，色彩使用的重要性更加毋庸置疑。因为色彩无法独立使用，必须附着在文字或图形元素之上，所以它在

---

[1] 闫亦菲.视觉设计中的色彩表达[J].职业时空，2008（10）：63.
[2] 侯杰.浅析视觉传达设计中的视觉要素[J].传播力研究，2019（21）：236.

设计中的主要作用是"对设计作品中的主题、元素进行强化，突出或减弱设计素材"①。当然，色彩所谓的强化设计作品主题或元素主要还是通过影响受众的情绪进而对受众的心理活动产生作用实现的。我们可以从强化审美价值和凸显地域特色两个方面来阐述色彩在方言视觉设计过程中的应用。

从强化审美价值角度来说，方言视觉设计比较多地采用多种色彩搭配使用的技法。首先，根据方言特征词语的概念性内涵明确系列设计作品的主颜色，然后再根据作品整体风格来选择搭配的色彩，让整个设计的画面看上去更加和谐统一。还有一些方言视觉设计作品采用的是单色彩。正如法国艺术家 Yves Klein 所说，只有最单纯的色彩才能唤起最强烈的心灵感受。单色色相清晰，明度、纯度较高，可以创造一种纯粹、简约的氛围，给人较强的视觉冲击。

如成都一名叫姚果果的小姑娘创作的成都方言视觉设计作品②，除了极个别文字要素采用红色之外，其余要素均采用黑色作为设计主色。虽然该作品看起来色彩比较单调，但却往往因为色彩的单纯反而能更好地凸显画面的基本形状和线条，表现出简单且精致的克制，创造出一种纯粹、简约的审美感受。

从凸显地域特色角度来说，方言视觉设计比较多地从地域方言所在地的传统元素中提取色彩来表现方言特征词语的概念性内容。如汤佳佳（2018）曾经对荆门方言进行视觉设计。作者从荆门的特色产品

---

① 侯杰.浅析视觉传达设计中的视觉要素[J].传播力研究，2019（21）：236.
② 发光的孩子：11岁少女画成都，易建联都为她打call[EB/OL].（2018-06-01）[2023-01-22].https://www.sohu.com/a/233718481_678221.

油菜的宣传口号"中国油菜看湖北、湖北油菜看荆门"中得到启发，设计作品的主体颜色都运用"油菜黄"，黄黑搭配是其主色调，最后设计制作出来的作品颜色鲜艳夺目，容易吸引观者的眼球。

二、构图

从上面的论述可知，文字、图形和色彩是视觉设计作品三个必备的构成要素，那么这三个要素在方言视觉设计的时候是如何相互作用的呢？这就需要了解另外一个概念——构图。

构图是视觉设计领域的一个重要概念，指的是在视觉设计时，设计者根据题材和主题思想的要求，通过适当的方式将手中的材料组织起来，以形成一个完整的可视画面[1]。在设计实践中，好的构图能够给设计作品增色，给受众留下深刻印象，从而获得较好的传播效果。如内蒙古科技大学艺术与设计学院刘薇老师曾经设计作品"母爱·依靠"[2]。作品中，图形主要分布在中间区域，两列文字信息分布于左侧和右侧，黑色为作品采取的主色。整个作品构图上呈左右对称结构，焦点突出，层次清晰，协调性强，具有独特的韵律感，容易在人们的头脑中留下深刻印象。

就方言视觉设计来说，文字、图形、背景这些设计要素分别呈现出相对独立的形态，只有色彩是依附于上述要素而存在的，把这些要素组织在一起，需要在二维空间里通过艺术化手段的处理进行合理布局与安排，使得它们在画面中达到最佳位置，形成一个整体的视觉设

---

[1] 王雅君. 探析视觉传达设计的构图美学[J]. 芒种, 2015 (15)：139.
[2] 罗胜京. 罗胜京视觉设计作品[J]. 艺术百家, 2009 (1)：210.

计作品，最终表现方言视觉设计的艺术美感，产生最优视觉传播效果，以满足设计目的和创作意图的需要，这就是方言视觉设计的构图。从实践来看，方言视觉设计要把握两个基本的法则，了解文字、图形等要素在构图时的一般规律。

（一）法则

方言从听觉符号转化为视觉符号，实现人类认知从一维到二维的转变。文字、图形和色彩作为视觉符号承载着方言特征词语的概念性内涵，表现设计者的情感和思想，蕴含着深刻的地域文化特色。一个优秀的方言视觉设计作品，文字、图形和色彩等要素的合理安排能够很好地表现主题，吸引受众注意力，促进跨方言沟通交流，促进方言保护与传承创新。因此，这三个要素在二维空间的合理布局成为衡量一个方言视觉设计作品质量好坏的重要因素。方言视觉设计作品在构图上必须遵守突出主体和追求和谐两个法则。

1.突出主体

任何一个视觉设计作品都必然存在一个令人夺目的主体元素，处在作品画面构图的中心位置，是设计师要突出和强调的视觉焦点，让受众第一眼就能够知道作品所想要表达的核心信息。主体一般要占据作品画面较大的空间或者处于画面的几何中心、视觉中心，画面中其他元素都以衬托主体为主要任务[①]。因此，在设计构图时，设计师必须要为主体元素安排一个合理的位置，使得它在作品整体布局中脱颖

---

① 优秀设计作品第一步！遵循构图基本原则[EB/OL].（2020-11-05）[2023-02-11].https://www.sohu.com/a/429612032_335612.

而出。

　　文字、图形和色彩是方言视觉设计作品的三个必备要素。其中，图形因其能够直观、形象地传达方言特征词语的概念性内容，成为方言视觉设计作品的主体构成要素。因此，方言视觉设计作品必须以突出和强调图形元素为首要任务，文字和色彩作为辅助对图形进行衬托。

　　2.追求和谐

　　除了突出主体元素之外，其他设计元素的合理安排对于设计作品也十分重要。主体元素和辅助元素等应该在版面布局中达到和谐统一，才能使得整个作品满足受众的视觉认知需求。所以视觉设计在构图上还要追求各元素的和谐安排，形成清晰的层级结构。只有整体结构层次清晰，人们才能在浏览完焦点以后，轻松地按照他们自己的需求去浏览其他的信息板块，快速找到自己所需要了解的信息①。

　　方言视觉设计要突出作为主体的图形元素，但同时不能忽略文字、色彩等其他元素的合理使用。如文字元素对方言特征词语的内涵进行阐述和表达，同时也能提高方言视觉设计作品的艺术品位和文化内涵，便于方言区内外的受众准确识别设计对象，因而在方言视觉设计作品的版面构成中是非常重要的。再如色彩元素既能强化方言视觉设计作品的审美价值，又能凸显其地域特色，在设计过程中同样需要合理使用。总而言之，无论是直观、形象地传达方言特征词语概念性内容的图形，还是阐述和表达方言特征词语内涵的文字元素，抑或者

---

① 平面设计有哪些构图技巧？[EB/OL]. (2019-10-30) [2023-02-19]. https://zhuanlan.zhihu.com/p/89317036.

起强化作品审美价值、凸显地域特色作用的色彩，在作品中要和谐共处才能达到设计初衷。

如王曼璐（2020）曾设计以图形为主体的烟台方言视觉作品——好好年续（即"好好念书"的意思）。作品中，图形占据了主要版面，韩湘子这个人物读书的画面居于右侧，左侧文字信息浮于图形上方，既凸显了图形所要表达的方言特征词语的概念性内容，又比较全面地反映了方言特征词语的相关含义和用法。整个作品以图形作为统领，所有要素为同一个主题服务，文字、色彩与图形等多个元素密切配合，杂而不乱，主次分明，相得益彰。这些视觉符号元素在保持多样性的同时，又给人以平静、庄重、肃穆的和谐感。

（二）版式

在方言视觉设计时，文字、图形与色彩等视觉符号元素需要遵循突出主体和追求和谐两大原则，在有限的版面空间进行合理布局与安排。一个好的方言视觉设计作品必须在构图上创新版面设计，既能够体现作品主题，同时又要使受众产生视觉上的冲击力。因此，在有限的版面空间里，设计师要根据方言视觉设计的主题，对文字、图形与色彩等视觉符号元素进行合适的版面规划。

那么具体来说，文字、图形与色彩等视觉符号元素在有限的版面空间进行合理布局与安排有没有规律可循呢？或者说一个优秀的方言视觉设计作品在构图方面表现为哪些版式类型呢？我们通过众多案例发现，方言视觉设计作品在版式上大概有横向分割、纵向分割、中心发散、满版、穿插、点缀、斜割、中轴等类型。

1.横向分割型

所谓横向分割型版面指的是整个版面从横向分割为上下两个部分或上中下三个部分，分别配置文字信息和图形信息。横向分割版面，信息自上而下流动，符合人们的阅读认知习惯。一般来说，横向分割型版面有两种类型。

一类是整个版面分为上下两个部分，上图下文或上文下图。另一类是整个版面分为上中下三个部分，中间区域是图形，上下分别安排文字信息。

2.纵向分割型

所谓纵向分割型版面指的是整个版面从纵向分割为左右两个部分或左中右三个部分，分别配置文字信息和图形信息。纵向分割版面，视觉流程自然，容易造成视觉心理的平衡，给人稳定、理性的感受。一般来说，纵向分割型版面有两种类型。

一类是整个版面分为左右两个部分，左图右文或左文右图。另一类是整个版面分为左中右三个部分，某一个部分安排图形，另外两个部分布局文字信息。

3.中心发散型

中心发散型版面将图形元素置于版面的几何中心，在受众心目中产生视觉焦点，突出强调主题，在此基础上文字和色彩信息围绕中心的元素信息呈中心发散结构。这种版面结构有利于统一视觉中心，多种视觉符号由版面中心向外扩散，可以产生饱和、充实的感觉。

4.满版型

满版型版面以图形充满整个版面，文字浮现在图形的上下或左右、中部位置上。这种布局直观而强烈地传达图形的概念性内容，能够让受众感受到内容的充实感，画面的氛围表达更充分，整体上给人大方、舒展的感觉。

5.穿插型

穿插型版面指的是图形被文字分割开，文字自由穿插于图形中间。版面既生动活泼，又富于秩序美感。

6.点缀型

点缀型版面中，主要表现主题元素图形，文字元素星星点点地分布在图形的某个角落，呈点缀状态。整个版面主题信息突出，简约大方。

7.斜割型

斜割型版面中，主体元素图形在版面中占据左下角或右下角，文字信息对应右上角或左上角的位置，造成版面强烈的动感和不稳定感，使人感到轻松、活泼。

8.中轴型

中轴型布局方式中，图片元素或文字元素呈垂直方向排列，全部安置在版面的中轴线上。整个版面稳定规整，醒目大方。

"中篇 实践"

2015年开始，教育部、国家语委启动中国语言资源保护工程，利用现代信息技术采录方言数据，经转写、标记等加工程序将相关的文本文件、音频文件及视频文件整理入库，以数据库、互联网、博物馆、语言实验室等形式向学界和社会提供服务[①]。这为高校利用语保工程积极开展方言保护相关课程建设，引导大学生增强民族文化自信提供了重要契机。

重庆文理学院积极响应国家重大战略需求，融合语言学、经济学、设计学以及信息技术等多学科优势建立跨学科交叉社会实践课程——"汉语方言调查与保护"，2021年课程获批重庆市一流本科课程。在课程建设过程中，我们加强课程教学改革顶层设计，坚持以"理实结合"作为教学基本原则，实施"校地结合""研学结合""产学结合"策略，提出了"政产学研"四位一体协同育人教学改革思路，培养学生掌握汉语方言调查与保护基础知识和技能，同时强化行业认知、创新精神以及致用意识的培养，取得了较为明显的成效。

2022年，我们在课程建设的基础上申报并获批重庆市教委人文社会科学研究重大项目"能看的重庆话——基于中国语言资源保护工程背景的重庆方言视觉设计研究"。遵循"研学结合"原则，我们将科研项目转变为课程资源，把科研项目的研究内容，涉及的基本理论、先进技术和研究方法融入到课程学习中，驱动不同学生承担不同的项

---

① 李宇明.论中国语言资源有声数据库的建设[J].中国语文，2010（4）：356.

目任务，以课程形式进行考核，促进研究进展和学习提升。以研究驱动学习，以学习提升研究，培养学生分析、解决实际问题的创新科研能力。

于是，我们将课程教学与科学研究紧密结合，带领重庆文理学院文化与传媒学院2019、2020级汉语言文学师范专业30余名学生开展了重庆方言视觉设计探索。在实践过程中，我们首先通过发放问卷、召开座谈会等形式从重庆方言词汇中调查梳理得到1000个特征词语，之后进行综合对比分析，按照由人及物原则，最终确定最能代表重庆方言特色的100个特征词语进行视觉设计。我们将这100个词分为下里巴人（亲属、职业、评价、戏称）、神采飞扬（外貌、神态、性情、个性）、动若脱兔（动作、行为、趋向、言说）、童言童语（行为、情态、物件、娱乐）、大渝风物（植物、动物、食物、器物）等五个类型，每个类型又下分四个子类型，遵照方言视觉设计的原则、形式、方法与构图等要求，一共完成了100幅视觉设计作品，初步勾勒出重庆方言的基本面貌。

当然，因为我们并非专业的视觉设计师，所以我们的探索还很稚嫩，但是我们都对重庆方言的保护与传承抱有热情，期待我们的视觉设计作品能带给人们惊喜。

第六章
重庆方言视觉设计实践之下里巴人

◎绘图：姜娜、杨琴
◎设计：王长武

亲属篇：老汉儿 / 孃孃 / 弟兄伙 / 老辈子 / 堂客
职业篇：棒棒儿 / 农二哥 / 炊哥 / 羊儿客 / 丘二
评价篇：耙耳朵 / 戳锅漏 / 瓜娃子 / 方脑壳 / 莽娃儿
戏称篇：豁飘 / 缺牙巴 / 夹舌子 / 五香嘴儿 / 话包子

"下里巴人"一词出自宋玉《对楚王问》："客有歌于郢中者；其始曰《下里》《巴人》，国中属而和者数千人。"其意为古代楚国的民间歌曲，后泛指通俗的文艺作品。在这里，我们取其字面意义——巴蜀乡里的老百姓，以其代指重庆方言中跟人相关的方言词语的类别。

通过调查和分析，我们选取其中亲属、职业、评价和戏称四个类别共20个方言词作为方言特征词展开视觉设计。

> 亲属篇

lao³ hanr⁴
老汉儿

- 释义：爸爸。
- 例句：捞马马肩是每一个重庆老汉儿的必备技能。

第六章 | 重庆方言视觉设计实践之下里巴人

liang¹ liang¹
嬢 嬢

■ 释义：阿姨。

■ 例句：为什么学校食堂的嬢嬢打饭都喜欢抖手？

/••/

di⁴ xiong¹ ho³
弟 兄 伙

■ 释义：哥们儿。

■ 例句：重庆男人的第一个弟兄伙就是各人的老汉儿。

093

能看的重庆话——重庆方言视觉设计理论、实践与应用

lao³ bei⁴ zi³
老辈子

■ 释义：年龄大的人或辈分大的人。

■ 例句：老辈子留下的为人处世之道终身受用。

tang² ke²
堂客

■ 释义：妻子。

■ 例句：堂客是一个家庭的"天选打工人"。

职业篇

bang⁴ bangr⁴
棒　棒儿

- 释义：用一根竹棒或木棒做工具的临时搬运工。
- 例句：山城棒棒儿军，挑起一个家，担起一座城。

能看的重庆话——重庆方言视觉设计理论、实践与应用

long² er⁴ go¹
农二哥

■ 释义：农民。

■ 例句：具备知识、技能的农二哥，正日益成为乡村振兴的中坚力量。

cui¹ go¹
炊哥

■ 释义：厨师。

■ 例句：上门做菜走红，炊哥们越来越卷了。

第六章｜重庆方言视觉设计实践之下里巴人

yang² er² ke²
羊儿客

■ 释义：为私人载客汽车拉客的人。

■ 例句：羊儿客，信不得，小心被骗还遭黑。

/••/

qiu¹ er⁴
丘二

■ 释义：雇工或雇员。

■ 例句：宁当一分钱的老板，也不做一百元的丘二。

097

能看的重庆话——重庆方言视觉设计理论、实践与应用

评价篇

pa¹ er³ do¹
耙耳朵

- 释义：惧怕老婆的人。
- 例句：英雄的重庆男人，在家耙耳朵，在外抗风雨。

co² go¹ lou⁴
戳锅漏

■ 释义：做事经常犯错、好心办坏事的人。

■ 例句：凡事认真点儿，就能少当戳锅漏。

gua¹ wa² zi³
瓜娃子

■ 释义：傻子。

■ 例句：没心没肺，活得不累，我就是个瓜娃子。

fang¹ lao³ ko²
方 脑 壳

■ 释义：头脑不够灵活、经常犯一些低级错误的人。

■ 例句：孩子方脑壳愁死人？有人却说未来可能更有出息！

mang¹ war²
莽 娃 儿

■ 释义：傻笨的小可爱。

■ 例句：重庆人身边都有个朋友叫莽娃儿。

第六章 | 重庆方言视觉设计实践之下里巴人

戏称篇

ho¹ piao¹
豁 瓢

- 释义：身体单薄的人。
- 例句：女人"人人享瘦"，男人不能当豁瓢。

que² ya² ba¹
缺牙巴

- 释义：缺少门牙的人。
- 例句：甘蔗吃得嘎嘣脆，小心成为缺牙巴。

jia² se² zi³
夹舌子

- 释义：口齿不清的人。
- 例句：夹舌子说话，磕磕巴巴。

wu³ xiang¹ zuir³
五 香 嘴 儿

- 释义：爱吃零食的人。
- 例句：五香嘴儿的最高境界：眼见为食！

hua⁴ bao¹ zi³
话 包 子

- 释义：话特别多的人。
- 例句：话包子有个缺点——言多必失。

第七章
重庆方言视觉设计实践之神采飞扬

◎绘图：席诗蒙莎、杨琴、张璐瑶、李紫晴
◎设计：王长武

外貌篇： 乖桑桑 / 笑扯扯 / 干筋筋 / 肥胴胴 / 拽兮兮
神态篇： 痴眉痴眼 / 焦眉愁眼 / 财眉火眼 / 懒眉日眼 / 红眉绿眼
性情篇： 耿直 / 安逸 / 妖艳儿 / 霸道 / 猫煞
个性篇： 飞叉叉 / 惊抓抓 / 悬吊吊 / 阴倒起 / 马起脸

"神采飞扬"意指脸上的神态焕发有神，形容兴奋得意，精神焕发的样子。在这里，我们以其代指重庆方言中跟人的外貌、神态、性情等相关的方言词语的类别。

通过调查和分析，我们选取其中外貌、神态、性情和个性等四个类别共20个方言词作为方言特征词展开视觉设计。

第七章｜重庆方言视觉设计实践之神采飞扬

外貌篇

guai¹ sang¹ sang¹
乘 桑 桑

■ 释义：女生长得好看。

■ 例句：用颜值给重庆妹儿扎起，重庆妹儿就是要乖桑桑。

105

能看的重庆话——重庆方言视觉设计理论、实践与应用

xiao⁴ ce³ ce³
笑 扯 扯

■ 释义：嬉皮笑脸，不正经。

■ 例句：作为一个正经人，我从来不笑扯扯。

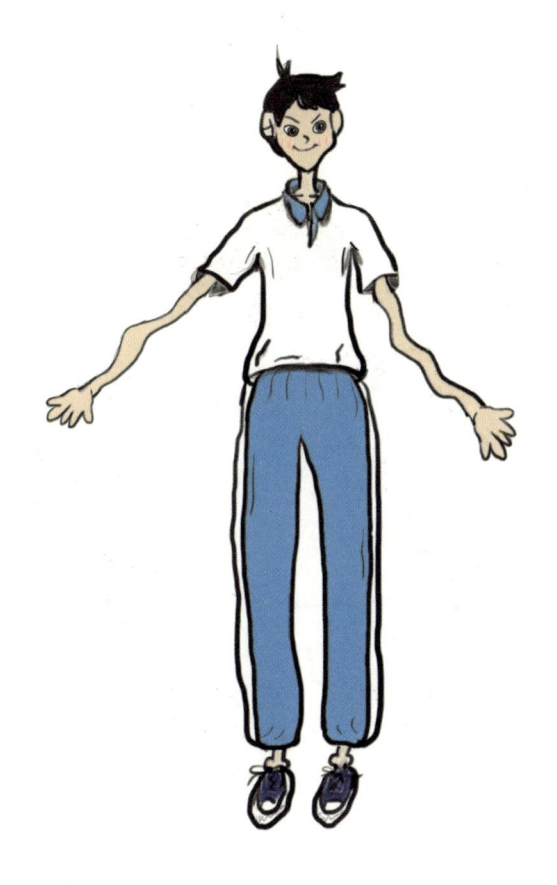

第七章｜重庆方言视觉设计实践之神采飞扬

gan¹ jin¹ jin¹
干筋筋

■ 释文：很瘦。

■ 例句：干筋筋，瘦壳壳，一顿要吃八钵钵。

fei² dong³ dong³
肥 胴 胴

■ 释义：很胖。

■ 例句：妈妈的爱就是，尽管你已经肥胴胴，还是要让你多吃点。

第七章｜重庆方言视觉设计实践之神采飞扬

zuai³ xi¹ xi¹
拽兮兮

■ 释义：自我感觉很得意、了不起。

■ 例句：没有实力的拽兮兮毫无意义！

能看的重庆话——重庆方言视觉设计理论、实践与应用

神态篇

ci¹ mi² ci¹ yan³
痴眉痴眼

- 释义：神情呆滞、发痴发呆。
- 例句：在重庆，有一种发呆叫痴眉痴眼。

jiao¹ mi² cou² yan³
焦眉愁眼

■ 释义：惆怅焦虑。

■ 例句：在重庆，有一种焦虑叫焦眉愁眼。

能看的重庆话——重庆方言视觉设计理论、实践与应用

cai² mi² ho³ yan³
财眉火眼

■ 释义：吝啬。

■ 例句：在重庆，有一种吝啬叫财眉火眼。

lan³ mi² ri² yan³
懒眉日眼

■ 释义：无精打采，懒惰。

■ 例句：在重庆，有一种懒惰叫懒眉日眼。

能看的重庆话——重庆方言视觉设计理论、实践与应用

hong² mi² lu² yan³
红 眉 绿 眼

■ 释义：怒气冲冲。

■ 例句：在重庆，有一种生气叫红眉绿眼。

性情篇

gen³ zi²
耿直

- 释义：性格直爽、讲义气。
- 例句：山城人民的耿直，就是绝对不拉稀摆带。

ngan¹ yi²
安逸

- 释义：舒服、满意。
- 例句：生于忧患，死于安逸。

yao¹ yanr⁴
妖艳儿

■ 释义：花枝招展、漂亮得意。

■ 例句：冬天也要妖艳儿起来呀，给重庆点颜色看！

能看的重庆话——重庆方言视觉设计理论、实践与应用

ba⁴ dao⁴
霸 道

■ 释义：了不起、厉害；横不讲理。

■ 例句：重庆火锅好霸道？吃了才知道。

mao¹ sa²
猫煞

- 释义：很凶，脾气暴躁。
- 例句：猫煞是重庆出租车的代名词！

能看的重庆话——重庆方言视觉设计理论、实践与应用

个性篇

fei¹ ca¹ ca¹

飞叉叉

- 释义：速度快、很野。
- 例句：重庆女娃儿飞叉叉，所以做事不拖沓。

第七章 | 重庆方言视觉设计实践之神采飞扬

jin¹ zua¹ zua¹
惊抓抓

■ 释义：大惊小怪。

■ 例句：一朝被蛇咬，十年惊抓抓。

xuan² diao⁴ diao⁴
悬吊吊

■ 释义：做事不稳妥，不实在。

■ 例句：平时不烧香，临时悬吊吊。

yin¹ dao³ qi³
阴倒起

- 释义：暗中；背地里。
- 例句：爱要大声说出来，不要阴倒起放心里。

ma³ qi³ lian³
马起脸

■ 释义：板着脸。

■ 例句：有人天天马起脸，使我不得开心颜。

第八章
重庆方言视觉设计实践之动若脱兔

◎绘图：张璐瑶、杨琴
◎设计：王长武

动作篇： 跟 / 提 / 戳 / 黑 / 揪
行为篇： 扯噗鼾 / 掸耳屎 / 跶扑爬 / 洗白 / 打望
趋向篇： 雄起 / 驾墨 / 刹角 / 扎起 / 巴倒
言说篇： 摆龙门阵 / 踏屑 / 诀架 / 吹垮垮 / 惊叫唤

"动若脱兔"一词出自《孙子·九地》："是故始如处女，敌人开户；后如脱兔，敌不及拒。"形容动作的敏捷，一般是指士兵或军队行动时像逃脱的兔子那样敏捷。在这里，我们以其代指重庆方言中跟人的动作行为相关的方言词语的类别。

通过调查和分析，我们选取其中动作、行为、趋向和言说等四个类别共20个方言词作为方言特征词展开视觉设计。

动作篇

ka^2

跨

- 释义：跨越。
- 例句：遇到任何障碍，勇敢跨过去你就赢了。

dia¹

提

- 释义：垂手拿着（有绳索之类的东西）。
- 例句：你能抓着自己的头发把自己提起来吗？

do²

戳

- 释义：用尖锐物体的顶端向前触动或穿过另一物体。
- 例句：莫干坏事，不然要被戳脊梁骨。

he²

黑

- 释义：吓唬。
- 例句：人黑人，黑死人。

jiu³

揪

- 释义：拧。
- 例句：重庆话中的"揪"是个古老的词语。

第八章 | 重庆方言视觉设计实践之动若脱兔

行为篇

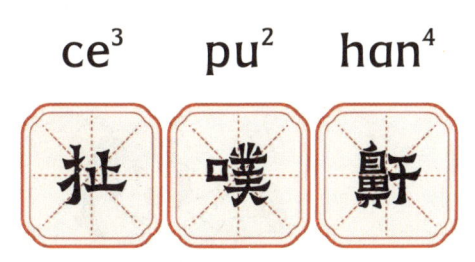

ce³　pu²　han⁴

扯　噗　鼾

- 释义：打呼噜。
- 例句：每个扯噗鼾的人，都该感谢身边人的不杀之恩。

129

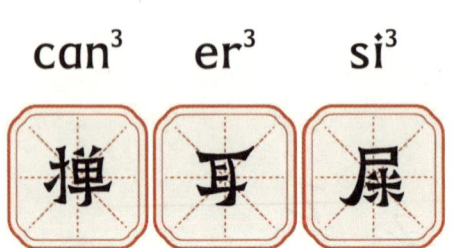

能看的重庆话——重庆方言视觉设计理论、实践与应用

can³ er³ si³

| 掸 | 耳 | 屎 |

■ 释义：打耳光。
■ 例句：一群人互相掸耳屎，这个操作有点迷。

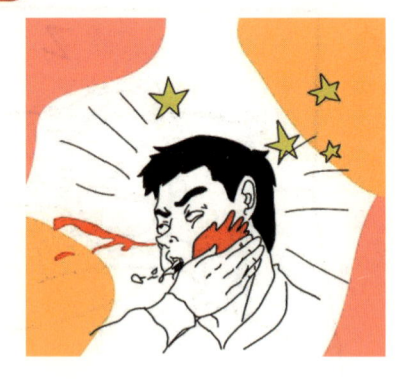

da² pu² pa²

| 跶 | 扑 | 爬 |

■ 释义：摔跟头。
■ 例句：人生不怕跶扑爬，哪里跌倒哪里爬起来。

xi³ be²

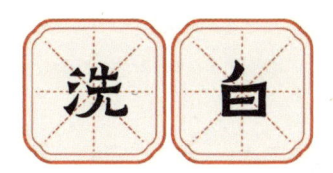

洗 白

■ 释义：做事失败或很彻底地失去某种东西。

■ 例句：钱遭洗白了不可怕，活着就有希望。

da³ wang⁴

打 望

■ 释义：观望、观看某事物，多指看美女。

■ 例句：在重庆，打望是对美女的基本尊重。

能看的重庆话——重庆方言视觉设计理论、实践与应用

趋向篇

xiong² qi³

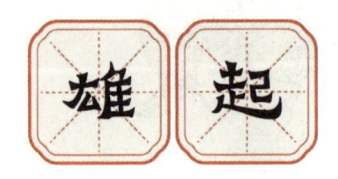

| 雄 | 起 |

- 释义：加油，鼓劲儿。
- 例句：重庆不得虚，永远要雄起！

第八章 | 重庆方言视觉设计实践之动若脱兔

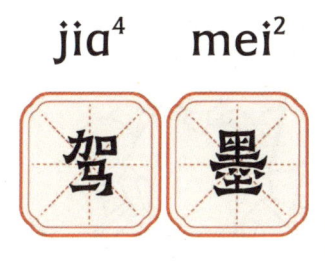

jia^4 mei^2

驾 墨

■ 释义：开始。

■ 例句：慢热的人真的很难谈恋爱，你还没驾墨，别人就已经结束了。

sa^2 go^2

刹 角

■ 释义：结束。

■ 例句：我的青春，在你走的那天，就已经刹角了。

133

za³ qi³

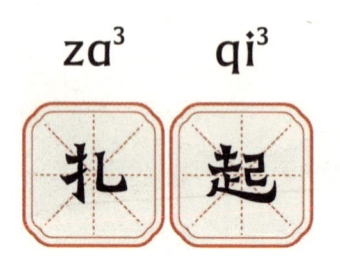

扎 起

- 释义：捧场，给面子。
- 例句：科学城面子大，全重庆人都在给它扎起。

ba¹ dao³

巴 倒

- 释义：紧挨着，沿着。
- 例句：是对手还是兄弟：为啥麦当劳总是巴倒肯德基？

第八章｜重庆方言视觉设计实践之动若脱兔

> 言说篇

bai³ long² men² zen⁴

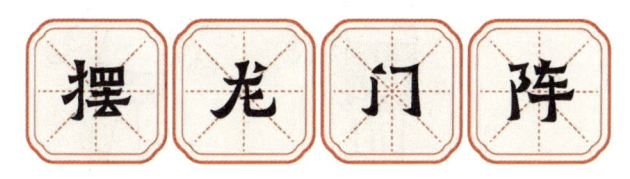

摆　龙　门　阵

■ 释义：聊天。

■ 例句：喝喝酒，摆摆龙门阵，一切江湖恩怨都消散。

ta² xue²

踏 屑

- 释义：用语言羞辱打击。
- 例句：永远不要踏屑别个，因为你不知道下一秒会发生啥子。

jue² jia⁴

诀 架

- 释义：吵架。
- 例句：为什么越相爱的人，越容易诀架？

cui¹ kua³ kua³

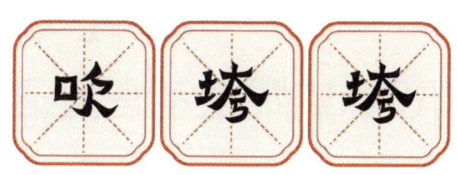

吹 垮 垮

- 释义：吹牛、聊天。
- 例句：吹垮垮的最高境界是：自己都相信了。

jin¹ jiao⁴ huan⁴

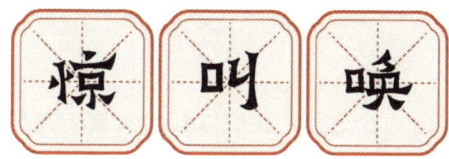

惊 叫 唤

- 释义：大声说话。
- 例句：在公共场所惊叫唤，也是一种环境污染。

第九章
重庆方言视觉设计实践之童言童语

◎绘图：赵丽、魏华郦、姜娜、杨琴、席诗蒙莎
◎设计：王长武

行为篇：筐歪歪 / 睡觉觉 / 吃莽莽 / 喝开开 / 吃嘎嘎
情态篇：千翻儿 / 来呆 / 流尿狗儿 / 好吃狗儿 / 花脸巴儿
物件篇：鱼摆摆 / 梭梭摊儿 / 丁丁猫儿 / 鸡咯咯 / 搭搭儿
娱乐篇：放风灯儿 / 藏猫儿 / 办家家酒儿 / 捞马马肩儿 / 逗虫虫儿

"童言童语"意指儿童的言语。在这里，我们以其代指重庆方言中儿童经常使用的方言词语的类别。

通过调查和分析，我们选取其中行为、情态、物件和娱乐等四个类别共20个方言词作为方言特征词展开视觉设计。

第九章｜重庆方言视觉设计实践之童言童语

> 行为篇

kuang¹ wai¹ wai¹
筐 歪 歪

释义：哄孩子睡觉。

例句：筐歪歪是每一位重庆妈妈的必备技能。

139

能看的重庆话——重庆方言视觉设计理论、实践与应用

sui⁴ gao⁴ gao⁴
睡 觉 觉

释义：睡觉。

例句：吃饱饱，睡觉觉，长高高，身体好。

第九章 | 重庆方言视觉设计实践之童言童语

ci¹ mang¹ mang¹
吃莽莽

释义：吃饭。

例句：月亮月亮光光，娃儿要吃莽莽。

141

能看的重庆话——重庆方言视觉设计理论、实践与应用

ho¹ kai¹ kai¹
喝开开

释义：喝白开水。

例句：喝开开，坐车车，我们一起当乖乖。

ci¹ ga³ ga³
吃嘎嘎

释义：吃肉。

例句：细娃儿不听话，黄荆棍要吃嘎嘎。

情态篇

qian¹ fanr¹
千翻儿

释义：顽皮、调皮。

例句：重庆崽儿幺不倒台，重庆崽儿最千翻儿。

lai¹ dai¹
来呆

释义：脏。

例句：来呆的男娃儿可没有女娃儿喜欢。

145

liu² liao⁴ gour³
流 尿 狗 儿

释义：尿床的小孩。

例句：有人喜欢取绰号，流尿狗儿不快乐！

第九章 ｜ 重庆方言视觉设计实践之童言童语

hao⁴ ci¹ gour³
好 吃 狗 儿

释义：贪吃的小孩。

例句：我就是个好吃狗儿，只要有好吃的就开心。

147

hua¹ lian³ bar¹
花脸巴儿

释义：脸很脏的小孩。

例句：花脸巴儿，偷油渣儿，婆婆逮到打嘴巴儿。

第九章 | 重庆方言视觉设计实践之童言童语

物件篇

yu² bai³ bai³
鱼摆摆

释义：鱼。

例句：兔子喜欢吃青草，猫儿唯爱鱼摆摆。

149

so¹ so¹ tanr¹
梭梭摊儿

释义：滑梯。

例句：没得啥事比梭梭摊儿更能代表童年。

din¹ din¹ maor¹
丁丁猫儿

释义：蜻蜓。

例句：丁丁猫儿飞得低，出门一定带蓑衣。

能看的重庆话——重庆方言视觉设计理论、实践与应用

ji¹ go² go²
鸡咯咯

释义：鸡。

例句：鸡咯咯不尿尿，各有各的道儿。

第九章 | 重庆方言视觉设计实践之童言童语

da² dar¹
搭搭儿

释义：马尾辫。

例句：炎炎夏日到，搭搭儿扎起来。

153

娱乐篇

fang⁴ feng¹ denr¹
放 风 灯儿

释义：放风筝。

例句：儿童散学归来早，忙趁东风放风灯儿。

第九章｜重庆方言视觉设计实践之童言童语

cang² maor¹
藏猫儿

释义：捉迷藏。

例句：藏猫儿是所有小娃娃都爱玩的游戏，没有之一。

ban⁴ ga¹ ga¹ jiur³
办家家酒儿

释义：小孩学成人家居生活的游戏。

例句：爱情不是办家家酒儿，婚姻也不是儿戏。

第九章 | 重庆方言视觉设计实践之童言童语

lao¹ ma³ ma³ jianr¹
捞马马肩儿

释义：小孩骑坐在成人肩上，两腿垂在成人脖子两边。

例句：每一个爸爸都会跟孩子玩捞马马肩儿的游戏。

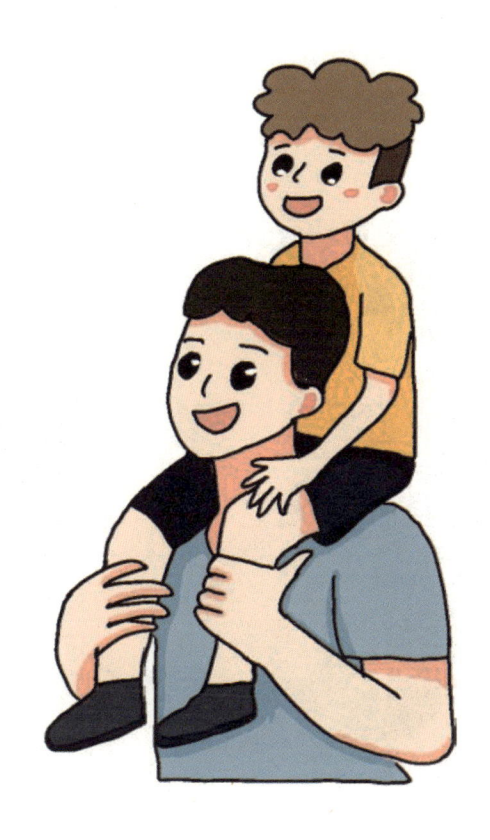

dou⁴ cong² congr⁰
逗 虫 虫儿

释义：把着幼儿两手，用食指和食指相碰又分开的游戏。

例句：逗虫虫儿，咬爪爪，我家娃娃吃嘎嘎。

第十章
重庆方言视觉设计实践之大渝风物

◎绘图：梁馨月、张佳露
◎设计：王长武

植物篇：黄葛树 / 广柑儿 / 包谷 / 包包白 / 海椒
动物篇：偷油婆 / 檐老鼠儿 / 花姑娘儿 / 癞疙宝 / 推屎爬
食物篇：火锅儿 / 烧白 / 小面 / 串串儿 / 油辣子
器物篇：背篼 / 撑花儿 / 拓儿车 / 滑竿儿 / 盅盅儿

"大渝风物"意指重庆的风光和物品。在这里，我们以其代指重庆方言中跟事物相关的方言词语的类别。

通过调查和分析，我们选取其中植物、动物、食物和器物等四个类别共20个方言词作为方言特征词展开视觉设计。

能看的重庆话——重庆方言视觉设计理论、实践与应用

植物篇

huang² go² su⁴
黄 葛 树

- 释义：桑科、榕属落叶乔木，重庆市市树。
- 例句：黄葛树，黄葛了，黄葛树下是我家。

第十章｜重庆方言视觉设计实践之大渝风物

guang³ ganr¹
广 柑 儿

- 释义：橙子。
- 例句：儿时的广柑儿，是离乡多年游子心中永恒的记忆。

bao¹ gu²
包 谷

- 释义：玉米。
- 例句：金秋时节丰收忙，有种回忆叫掰包谷。

161

能看的重庆话——重庆方言视觉设计理论、实践与应用

bao¹ bao¹ be²
包包白

- 释义：白菜。
- 例句：包包白炒回锅肉，味道简直不摆了。

hai³ jiao¹
海椒

- 释义：辣椒。
- 例句：海椒是重庆菜的灵魂。

第十章 | 重庆方言视觉设计实践之大渝风物

动物篇

tou¹ you² po²
偷 油 婆

■ 释义：蟑螂。

■ 例句：跟偷油婆的斗争，重庆人是认真的。

163

yan² lao³ sur³
檐老鼠儿

- 释义：蝙蝠。
- 例句：非洲有些原始部落把檐老鼠儿当凉菜。

hua¹ gu¹ liangr¹
花姑娘儿

- 释义：瓢虫。
- 例句：花姑娘儿说，我也想和姑娘一样漂亮。

第十章｜重庆方言视觉设计实践之大渝风物

lai⁴ ge² bao³
癞疙宝

- 释义：癞蛤蟆。
- 例句：别拿癞疙宝不当保护动物。

tui¹ si³ pa²
推屎爬

- 释义：屎壳郎。
- 例句：你是天上的丁丁猫儿，我是地上的推屎爬。

165

食物篇

ho³ gor¹
火锅儿

- 释义：以热源烧锅，以水或汤烧开来涮煮各类食物。
- 例句：在重庆，没有什么问题是一顿火锅儿解决不了的。

第十章 | 重庆方言视觉设计实践之大渝风物

sao¹ be²
烧 白

- 释义：以五花肉、冬菜为主料蒸制而成的传统名菜。
- 例句：咸烧白是儿时记忆中妈妈的味道。

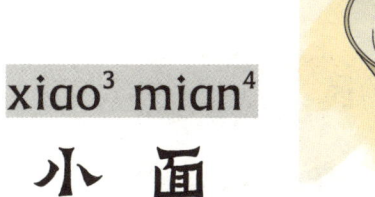

xiao³ mian⁴
小 面

- 释义：素面。
- 例句：小面是重庆人一辈子的美食记忆之一。

167

cuan⁴ cuanr⁰
串 串 儿

■ 释义：用签子把新鲜食物串起来放进有秘制汤料的锅里煮的一种特色小吃。

■ 例句：认识重庆：始于火锅儿，终于串串儿。

/.../

you² la² zi³
油 辣 子

■ 释义：把菜油烧沸倒入干辣椒粉中制作而成的调味品。

■ 例句：无趣的油辣子千篇一律，优秀的油辣子万里挑一。

器物篇

bei⁴ dou¹
背 篼

■ 释义：用竹、藤等做成的背在背上运送东西的器具。

■ 例句：小背篼，晃悠悠，歌声中妈妈把我背下了吊脚楼。

cen¹ huar¹
撑花儿

- 释义：伞。
- 例句：夏天的重庆，有了一把撑花儿，无惧挑战。

to² er² ce¹
拓儿车

- 释义：出租车。
- 例句：重庆拓儿车：高德流泪，百度沉默。

第十章｜重庆方言视觉设计实践之大渝风物

hua² ganr¹
滑竿儿

- 释义：在两根竹竿中间架以竹片绷成躺椅以抬人行走。
- 例句：滑竿儿因重庆特殊地貌而生，有老重庆出租车之称。

zong¹ zongr¹
盅盅儿

- 释义：搪瓷杯。
- 例句：盅盅儿喝酒更有仪式感。

171

下篇
应用

著名语言学家詹伯慧指出：汉语方言调查研究持续繁荣，硕果累累，但在服务方言应用方面仍做得很不够；方言调查研究还要为地方文化建设服务，为社会的语言应用开发服务[①]。这是詹先生基于方言研究的发展历史做出的科学判断。

从新中国成立开始，方言学界做得最多、成绩最大的工作还是方言的田野调查。几十年来，方言研究者们筚路蓝缕，前赴后继，发掘各地方言特征，加深对方言语音、词汇和语法的科学认识，取得了辉煌的研究成绩。但是方言是不是只有研究价值而没有应用价值，方言的田野调查有没有应用上的现实意义呢？新世纪以来，随着时代的发展和语言资源观念的不断普及，人们逐渐认识到方言同样属于宝贵的语言资源，对于建设地域文化、传承优秀传统文化具有不可或缺的作用。所以2021年，国家语委完成语保工程一期建设任务后，从二期工程开始，将聚焦应用，以成果为导向，突出地方特色，开展方言资源利用与开发工作。

作为方言应用的一种尝试，我们从跨学科视角对重庆方言的语音、词汇、语法各要素进行综合对比分析，找出最能代表方言特色的成分，将之转换成可以在屏幕或平面上进行展示的图形或图像，但这只是完成了初步的工作。众所周知，方言是人们在日常生活中交流和

---

① 詹伯慧.大力加强汉语方言的应用研究[J].暨南学报（哲学社会科学版），2014（4）：1-5.

沟通的工具，是人们最常使用并且最熟悉的生活语言，毋庸讳言，方言需要在日常生活中得到活态展现。因此，我们将在前期方言视觉设计的基础上，开发设计方言文化创意产品，使得方言融入人们的文化生活中，真正走进寻常百姓家，这样才能使得方言得到受众的广泛认可，获得真正的生命力。为此，我们考察了方言文化创意产品使用的多个场景，从生活日常、服饰服装、文具娱乐、文旅纪念以及装饰装修等五个方面对方言视觉设计成果进行产业应用与开发。与此同时，我们还创建了重庆巴言蜀语文化创意有限公司，对我们设计制作的方言文创产品进行产业开发与应用。如在生活日常方面，我们将方言视觉设计成果应用在手机壳、纸杯、茶杯、杯垫、靠枕、瓷盘、红包等产品的制作中；在服饰服装方面，我们将设计成果应用在T恤、卫衣、帽子、口罩、手提袋等产品的制作中；在文具娱乐方面，我们将设计成果应用在笔记本、日历、扑克、书签等产品的制作中；在文旅纪念方面，我们将设计成果应用在徽章、钥匙链、明信片、团扇等产品的制作中；在装饰装修方面，我们将设计成果应用在室内或室外墙体的修饰、装潢等产品的制作中。

新时期以来，随着物质生活水平的提高，人民对精神文化生活的需求也日益增长。方言文化创意产品的设计与制作是满足人民对精神文化生活需求的重要方式，也是新时代最具发展潜力的产业之一，对于区域经济发展能够起到积极的促进作用，同时也能推动不同地域沟通交流，助力中华优秀传统文化薪火相传，最终创新驱动方言文化的传承和保护，赋能地域文化振兴。

第十一章
重庆方言视觉设计应用之生活日常

◎设计：姜娜、席诗蒙莎
◎指导：王长武
◎支持：可画

- 手机壳
- 抽纸盒
- 纸杯
- 瓷盘
- 水杯

能看的重庆话——重庆方言视觉设计理论、实践与应用

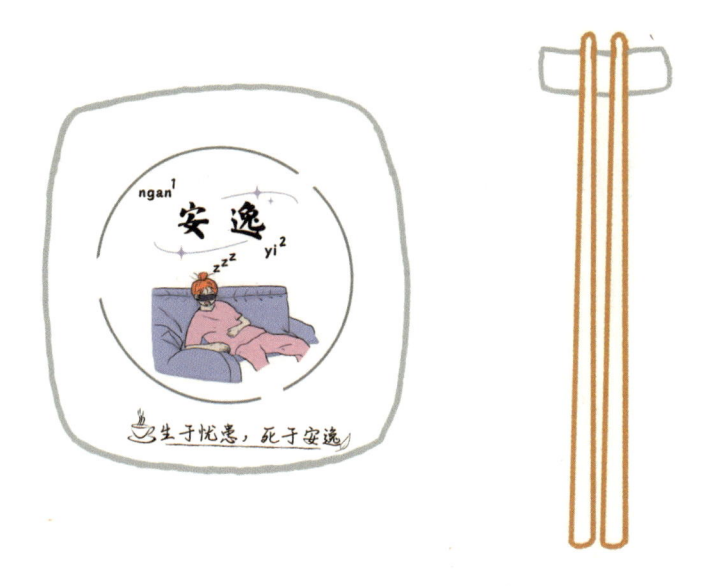

第十一章｜重庆方言视觉设计应用之生活日常

第十二章
重庆方言视觉设计应用之服饰服装

◎设计：姜娜、席诗蒙莎
◎指导：王长武
◎支持：可画

- 锁边袋
- 手提袋
- 抱枕
- T恤
- 卫衣

第十二章｜重庆方言视觉设计应用之服饰服装

能看的重庆话——重庆方言视觉设计理论、实践与应用

第十三章
重庆方言视觉设计应用之文具娱乐

◎设计：姜娜、席诗蒙莎
◎指导：王长武
◎支持：可画

- 笔记本
- 鼠标垫
- 明信片
- 滑板
- 笔筒

能看的重庆话——重庆方言视觉设计理论、实践与应用

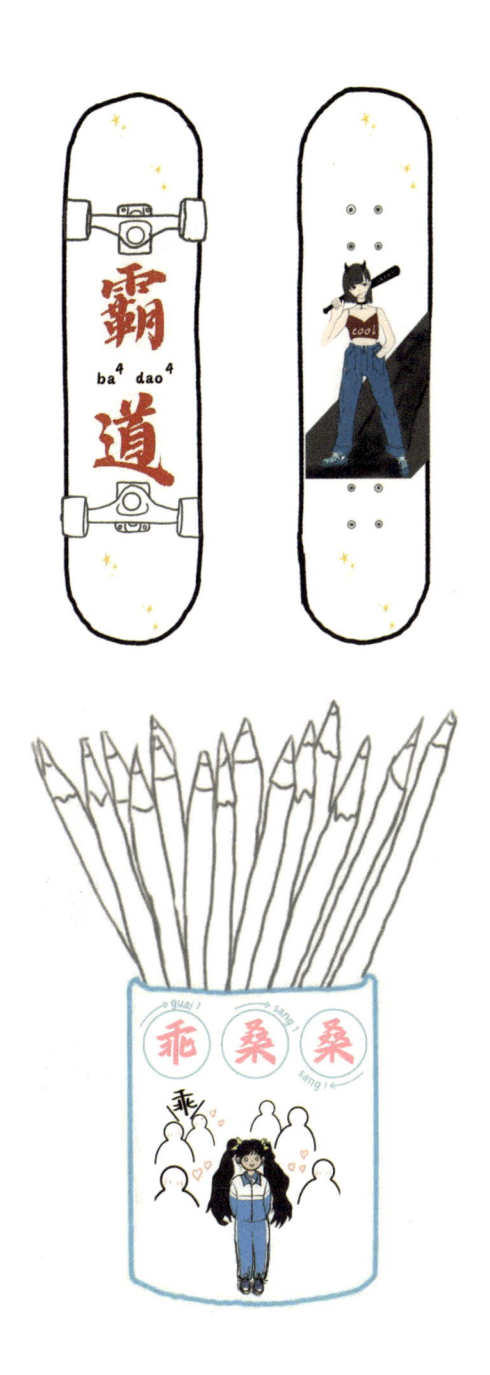

第十三章 | 重庆方言视觉设计应用之文具娱乐

185

第十四章
重庆方言视觉设计应用之文旅纪念

◎设 计：姜娜、席诗蒙莎
◎指 导：雷璐荣
◎支 持：可画

- 书签
- 扣徽
- 徽章
- 粘徽
- 钥匙链

第十四章 | 重庆方言视觉设计应用之文旅纪念

能看的重庆话——重庆方言视觉设计理论、实践与应用

第十五章
重庆方言视觉设计应用之装饰装修

◎设计：姜娜、席诗蒙莎
◎指导：雷璐荣
◎支持：可画

- 室外装饰装修
- 室内装饰装修

能看的重庆话——重庆方言视觉设计理论、实践与应用

第十五章 | 重庆方言视觉设计应用之装饰装修

参考文献

[1] 版式设计中的"视觉形态"![EB/OL]. (2018-09-04) [2022-11-11]. https://baijiahao.baidu.com/s?id=1610632784298037411&wfr=spider&for=pc.

[2] 曹志耘. 关于建设汉语方言博物馆的设想[J]. 语文研究, 2010 (2): 6-9.

[3] 曹志耘. 加快构建国家语言资源保护体系[J]. 汉藏语学报, 2016 (12): 196-197.

[4] 曹志耘. 中国语言资源保护工程的定位、目标与任务[J]. 语言文字应用, 2015 (4): 10-17.

[5] 插画|第一期 这些你不可不知的南京方言![EB/OL]. (2016-08-11) [2022-11-22]. https://www.sohu.com/a/110044061_432540.

[6] 陈立中, 关家乐, 杨智翔. 方言博物馆中语法特色的遴选与

展示浅议［J］.铜仁学院学报，2022（3）：86-93.

［7］陈薇.东北方言熟语的修辞特色［J］.唐山学院学报，2012（4）：42-44.

［8］陈章太.论语言资源［J］.语言文字应用，2008（1）：9-14.

［9］崔艳艳.影视创意与河南方言文化资源开发［J］.南昌教育学院学报，2013（6）42-43.

［10］大美湖南——招贴海报［EB/OL］.［2022-12-09］.https://www.zcool.com.cn/work/ZMTM3NDQ4MTI=.html.

［11］戴庆厦.语言保护的再认识［J］.黔南民族师范学院学报，2016（3）：1-3+18.

［12］戴秀珍.看得见的粤方言［M］.广州：暨南大学出版社，2015.

［13］戴秀珍.看得见的语言——方言视觉转译设计初探［J］.包装与设计，2013（3）：104-107.

［14］董卫星.平面设计中的图形与传达［J］.装饰，2000（4）：66-68.

［15］发光的孩子：11岁少女画成都，易建联都为她打call［EB/OL］.（2018-06-01）［2023-01-22］.https://www.sohu.com/a/233718481_678221.

［16］方言的温度［EB/OL］.［2023-01-25］.https://www.zcool.com.cn/work/ZMj%20Y5Nz%20Ix%20Nz%20I=.html.

［17］丰伟丽，闫思卿.兰州方言歇后语的图形化研究［J］.中国民族博览，2019（6）：2.

［18］冯丽斯.雷言雷语——广东雷州方言视觉化设计与应用研究［D］.武汉：湖北工业大学，2020.

［19］付凯琳.产生"谐音"的手段［J］.四川外语学院学报，1992（1）：77-83.

［20］付欣晴.论保护和开发非主流语言文化——方言影视作品热引发的思考［J］.江西社会科学，2013（1）：244-247.

［21］甘于恩.潮汕童谣画你知［M］.香港：香港中和出版有限公司，2021.

［22］甘于恩.绘声绘色看方言：广府童谣氹氹转［M］.广州：新世纪出版社，2018a.

［23］甘于恩.绘声绘色看方言：客家童谣转外家［M］.广州：新世纪出版社，2018b.

［24］郜世杰.当代水印版画写实语言的意味探索［D］.昆明：云南艺术学院，2022.

［25］龚晓敏.湖北武汉方言视觉转译设计研究［D］.黄石：湖北师范大学，2021.

［26］顾煜彤.长岛方言在经济发展中的保护和利用价值探析［J］.汉字文化，2020（4）：12-14.

［27］国家语言资源监测与研究中心.中国语言生活状况报告（2006）［M］.北京：商务印书馆，2007.

［28］韩笑.趣味性在平面设计中的运用［J］.廊坊学院学报，2011（3）：45-47.

［29］郝冠博，杨晔.平面设计中的视觉符号［J］.现代装饰（理

论), 2015 (7): 111.

[30] 何心一, 施天驰, 邵婕. 基于南通方言文化的本土文创产品设计探究 [J]. 戏剧之家, 2020 (20): 193-194.

[31] 何宇. 平面设计中图形的多元化表现和阐释 [J]. 南京艺术学院学报 (美术与设计), 2018 (6): 155-159.

[32] 何玉亮, 刘静. 基于青州方言文化的文创产品设计探究 [J]. 大观, 2020 (11): 73-74

[33] 洪锦佳. 绍兴方言博物馆文创产品包装设计 [D]. 株洲: 湖南工业大学, 2020.

[34] 侯杰. 浅析视觉传达设计中的视觉要素 [J]. 传播力研究, 2019 (21): 234+236.

[35] 胡明燕. 对外汉语课堂中学生对非语言符号接收效果的考察与分析 [D]. 上海: 复旦大学, 2011.

[36] 黄伯荣, 廖序东. 现代汉语 (增订六版) 上册 [M]. 北京: 高等教育出版社, 2017.

[37] 黄思贤, 刘悦. 再论方言文字的界定与分类 [J]. 海南师范大学学报 (社会科学版), 2016 (4): 102-106.

[38] 黄臻. 基于游客认知的闽南方言视觉设计 [J]. 齐鲁艺苑, 2017 (2): 91-95.

[39] 加强国家通用语言文字教育在铸牢中华民族共同体意识中的多维价值 [EB/OL]. (2022-03-24) [2022-11-01]. https://view.inews.qq.com/k/20220324A06XE600?web_channel=wap&openApp=false.

[40] 鉴赏: 中国顶级步行街之重庆解放碑商业街 [EB/OL].

（2019-02-14）［2023-01-01］. https://www.sohu.com/a/294732393_388514.

［41］江小白方言系列海报［EB/OL］.（2019-06-13）［2022-11-16］. https://www.meihua.info/shots/3254925847479296.

［42］姜奕. 浅谈大学英语词汇教学的原则［J］. 成才，2001（5）：58.

［43］教你说恩（ēn）正（zēn）南京话，摆得不行！［EB/OL］.（2018-09-07）［2023-04-01］. https://www.sohu.com/a/252659136_673389.

［44］乐晋霞. 河南方言产品的类型及其在中原文化传播中的现状［J］. 传播与版权，2016（1）：111-113.

［45］李飞，孙婷婷. 读图时代背景下信息图形化设计探析［J］. 知识经济，2018（10）：112+114.

［46］李慧. 基于池州方言研究的图形化设计探析［J］. 蚌埠学院学报，2022（1）：27-30.

［47］李慧. 基于视觉传达设计的文字应用研究［J］. 景德镇学院学报，2021（1）：114-118.

［48］李如龙. 汉语方言学［M］. 北京：高等教育出版社，2001.

［49］李如龙. 论方言特征词的特征——以闽方言为例［J］. 方言，2014（2）：97-102.

［50］李晓华，刘宗彬. 中国古代的颜色文化［J］. 井冈山师范学院学报（哲学社会科学），2004（3）：31-33.

［51］李晓玲，孙东阳，周婧，龚雯莉. 字体设计［M］. 北京：

中国青年出版社, 2012.

［52］李学勤. 十三经注疏（标点本）·尚书正义［M］. 北京：北京大学出版社, 1999.

［53］李勇. 浅析修辞手法在平面设计中的创意表现［J］. 剑南文学（经典教苑）, 2012（2）: 84-85.

［54］李宇明, 施春宏, 曹文等. "语言资源学理论与学科建设"大家谈［J］. 语言教学与研究, 2022（2）: 1-16.

［55］李宇明. 论中国语言资源有声数据库的建设［J］. 中国语文, 2010（4）: 356-363+384.

［56］李宇明. 语言技术对语言生活及社会发展的影响［J］. 中国社会科学, 2017（2）: 145-158.

［57］李宇明. 语言资源观及中国语言普查［J］. 郑州大学学报（哲学社会科学版）, 2008（1）: 5-7.

［58］李宇明. 中国语言资源的理念与实践［J］. 语言战略研究, 2019（3）: 16-28.

［59］梁长福. 地方博物馆对地区方言保护和传承工作的有效支持［J］. 大众科技, 2012（8）: 258-260.

［60］刘宝成. 图形设计再认识［D］. 保定：河北大学, 2004.

［61］刘丹青. 语言资源保护与差异化语文政策［J］. 语言战略研究, 2019（3）: 29-37.

［62］刘方舟, 林荣向. 福州方言杂字的视觉设计［J］. 武夷学院学报, 2021（4）: 58-62.

［63］刘芳. 浅谈"读图时代"下信息可视化设计需求［J］. 艺术

大观，2020（16）：56-57.

［64］刘荣.语言监测视角下语言资源开发研究［J］.华中学术，2017（04）：144-151.

［65］刘晓熙.基于长沙方言文化的文创产品开发路径［J］.艺术品鉴，2020（33）：65-66+129.

［66］刘志毅.浅谈平面设计中的图形创意［J］.人间，2016（29）：231.

［67］柳冰蕊.浅谈重庆方言文创开发的可行性与必要性［J］.明日风尚，2018（13）：330.

［68］鲁迅.鲁迅全集［M］.北京：人民文学出版社，1972.

［69］陆尚谦.粤方言视觉化设计与应用研究［D］.广州：广东工业大学，2021.

［70］罗胜京.罗胜京视觉设计作品［J］.艺术百家，2009（1）：208-211.

［71］吕叔湘.语言与语言研究［A］.中国大百科全书·语言文字卷［C］.北京：中国大百科全书出版社，1988.

［72］吕亚丽，张小兵.陕北方言詈语文化探析［J］.延安大学学报（社会科学版），2016（3）：116-120.

［73］马丽.新媒体视野下视觉传达设计要素分析［J］.中国出版，2018（23）：56-59.

［74］毛勇梅.信息时代图形的魅力［J］.艺术与设计（理论），2013（3）：33-35.

［75］梅国云.顺应国际趋势　建设海南方言博物馆和国际方言研

究中心 以方言事业带动方言产业［J］.今日海南，2021（1）：54-55.

［76］南京方言的视觉图形设计和字体设计［EB/OL］.［2022-12-28］.https://www.zcool.com.cn/work/ZMzkzNDk2NjA=.html.

［77］南京方言字体海报［EB/OL］.［2022-12-10］.https://www.zcool.com.cn/work/ZNDM0OTQ1NTY=.html.

［78］牛漫青.20世纪早期的中国画"写实"及其实践方式［D］.天津：天津大学，2017.

［79］彭吉象.艺术学概论［M］.北京：高等教育出版社，2019.

［80］皮燕琪.重庆方言俚俗语的当代视觉传达理念诠释——以重庆古镇磁器口壁画为例［J］.艺术品鉴，2015（4）：99.

［81］平面设计食品包装设计中的写实图形［EB/OL］.（2022-04-21）［2022-12-09］.https://www.bilibili.com/read/cv16236921/.

［82］平面设计有哪些构图技巧？［EB/OL］.（2019-10-30）［2023-02-19］.https://zhuanlan.zhihu.com/p/89317036.

［83］邱质朴.试论语言资源的开发——兼论汉语面向世界问题［J］.语言教学与研究，1981（3）：111-123.

［84］邱质朴.应用语言学的新概念［J］.镇江师专学报（社会科学版），2000（3）：62-68.

［85］申艺伟.基于符号学视角下地域方言视觉图形化设计研究［D］.武汉：武汉纺织大学，2020.

［86］时悦.浅析平面设计中的趣味性［J］.艺术品鉴，2016（2）：24.

［87］史婧炜.传播学视域下视觉符号解读及其层次探析［J］.大

众文艺，2012（20）：49-50.

［88］斯大林.马克思主义与语言学问题［M］.北京：人民出版社，1971.

［89］宋忠元，毛德宝.平面设计［M］.杭州：中国美术学院出版社，2008.

［90］孙周兴.海德格尔选集［M］.上海：三联书店上海分店，1996.

［91］汤佳佳.湖北荆门方言图形化的设计探究［D］.广州：广州大学，2018.

［92］陶原珂.应注意开发利用澳门社会的语言资源［J］.学术研究，1996（4）：83-85.

［93］田立新，易军.中国语言资源保护工程的建设成效及深化发展［J］.语言文字应用，2019（4）：2-7.

［94］田立新.中国语言资源保护工程的缘起及意义［J］.语言文字应用，2015（4）：2-9.

［95］托尔斯泰.艺术论［M］.丰陈宝译.北京：人民文学出版社，1958.

［96］王莉宁，康健侨.中国方言文化保护的现状与思考［J］.语言战略研究，2022（4）：76-85.

［97］王莉宁.语保故事［M］.北京：光明日报出版社，2021.

［98］王莉宁.语言资源保护与影视典藏［J］.语言文字应用，2017（2）：9-18.

［99］王莉宁.中国语言资源保护工程的实施策略与方法［J］.语

言文字应用，2015（4）：18-26.

［100］王曼璐.烟台方言在城市文化中的视觉设计应用研究［D］.青岛：青岛大学，2020.

［101］王琦.文化遗产视野下重庆方言梁平话的名词性词汇考察［D］.重庆：重庆文理学院，2018.

［102］王世凯.略论我国语言资源的开发与利用［J］.云南师范大学学报（哲学社会科学版），2010（5）：1-6.

［103］王文章.非物质文化遗产概论［M］.北京：文化艺术出版社，2006.

［104］王雅君.探析视觉传达设计的构图美学［J］.芒种，2015（15）：139-140.

［105］王彦发.视觉传达设计原理［M］.北京：高等教育出版社，2008.

［106］王长武，袁小淋.中国语言资源保护背景下的重庆市中小学方言教育与传承研究［J］.教育观察，2021（15）：7-9+13.

［107］尉春艳，董业铎，何青霞.承德方言资源的开发利用研究［J］.现代语文（语言研究版），2016（10）：12-14.

［108］翁劲.浅谈方言中的"正字"问题——以福州方言为例［J］.中文信息，2019（1）：198.

［109］伍蠡甫.再谈艺术的形式美［J］.学术月刊，1981（3）：54-58.

［110］习近平谈中华民族的根和魂［EB/OL］.（2019-06-27）［2022-11-04］.http://www.qstheory.cn/zhuanqu/bkjx/2019-06/27/c_

1124679937.htm.

[111] 习近平同德国汉学家、孔子学院教师代表和学习汉语的学生代表座谈 [EB/OL]. （2014-03-30）[2022-11-03]. http://cpc.people.com.cn/n/2014/0330/c64094-24773105.html.

[112] 湘语湘言-长沙方言系列视觉设计 [EB/OL]. （3年前）[2023-03-10]. https://www.zcool.com.cn/work/ZMzIzNjA2NzI=.html?ivk_sa=1024320u.

[113] 小学生手绘熊猫吃莽莽 图画教你说方言 [EB/OL]. （2017-05-04）[2022-12-22]. https://www.thecover.cn/news/333878.

[114] 熊月贞. 浅析博物馆粤方言讲解工作 [J]. 黑龙江史志, 2015（9）: 263+265.

[115] 徐琳哲. 图形在视觉设计中的信息传播 [J]. 美与时代（上）, 2010（5）: 39-41.

[116] 许琛. 河南方言文字的图形化设计 [J]. 美与时代（上）, 2016（4）: 70-71.

[117] 许其潮. 从语言经济学角度看我国的外语教育 [J]. 外语与外语教学, 1999（8）: 35-38.

[118] 许熙彤. 四川方言词汇的创意设计应用 [D]. 成都: 成都大学, 2020.

[119] 闫亦菲. 视觉设计中的色彩表达 [J]. 职业时空, 2008（10）: 63-64.

[120] 杨慧君. 建立江永方言文化生态博物馆的设想 [J]. 客家文博, 2017（3）: 58-62.

［121］杨树森.普通逻辑学（修订本）［M］.合肥：安徽大学出版社，2003.

［122］杨月蓉.重庆市志·方言志（1950—2010）［Z］.重庆：重庆出版社，2012.

［123］姚果果.果果画成都［M］.成都：四川美术出版社，2018.

［124］优秀设计作品第一步！遵循构图基本原则［EB/OL］.（2020-11-05）［2023-02-11］.https://www.sohu.com/a/429612032_335612.

［125］游汝杰.汉语方言学教程［M］.上海：上海教育出版社，2004.

［126］袁俏玲.语言经济学论略［J］.云梦学刊，2006（6）：150-152.

［127］曾晓渝.重庆方言词解［Z］.重庆：西南师范大学出版社，1996.

［128］詹伯慧，黄家教.关于汉语方言词汇调查研究的问题［J］.武汉大学学报（人文科学），1963（1）：121-136.

［129］詹伯慧.汉语方言及方言调查［M］.武汉：湖北教育出版社，1991.

［130］张博雅.辽沈地区方言视觉化创意设计研究［D］.沈阳：沈阳航空航天大学，2019.

［131］张公瑾.文字的文化属性［J］.民族语文，1991（1）：19-24.

［132］张涵.艺术的审美价值［J］.郑州大学学报（哲学社会科学版），1986（4）：51-57.

[133] 张普.论国家语言资源［A］.民族语言文字信息技术研究——第十一届全国民族语言文字信息学术研讨会论文集［C］.2007.

[134] 张世方,沈丹萍.中国语言资源保护的理念与实践——以汉语方言为视角［J］.语言学研究,2017（1）：6-16.

[135] 张伟.语言文字:信息化时代的国家"硬实力"——专访国家语委副主任、教育部语言文字信息管理司司长李宇明［J］.中国经济周刊,2009（31）：16-17.

[136] 张晓明.方言博物馆布展策略研究［J］.山东理工大学学报（社会科学版）,2015（2）：61-65.

[137] 张伊楠.视觉符号系统下晋方言文创品牌的设计探索［J］.中国民族博览,2021（3）：81-83.

[138] 张玉霞.方言是地域文化的重要载体［J］.发展,2013（6）：77-78.

[139] 张振兴.古代的"普通话"［J］.老年教育（长者家园）,2013（11）：46.

[140] 张祖耀,朱媛.文化传播下杭州方言的文化负载与文创设计研究［J］.设计,2020（17）：14-16.

[141] 赵露荷.衡阳方言在特色旅游产品中的创意运用［J］.大众文艺,2017（19）：235-236.

[142] 这本书看完保证你流口水！［EB/OL］.（2019-11-27）［2022-11-07］.https://m.thepaper.cn/newsDetail_forward_5077749.

[143] 这本书看完保证你流口水！［EB/OL］.（2019-11-27）［2023-04-01］.https://www.163.com/dy/article/EV1095K40514QIE5.html.

［144］郑莉，姜在新.东北方言图形化设计应用研究［J］.中国民族博览，2018（12）：112-113.

［145］支援武汉咋和当地人沟通？方言手册了解一下（1）［EB/OL］.（2020-03-05）［2022-11-02］.https：//www.sohu.com/a/377976599_120569562.

［146］中共中央办公厅　国务院办公厅印发《关于实施中华优秀传统文化传承发展工程的意见》［EB/OL］.（2017-01-25）［2022-11-03］.http://www.gov.cn/zhengce/2017-01/25/content_5163472.htm.

［147］中国社会科学院语言研究所词典编辑室.现代汉语词典（第6版）［Z］.北京：商务印书馆，2012.

［148］周磊.方言学习手册不仅是深情厚谊［N］.湖北日报，2020-02-11（6）.

［149］周萍.开发海南方言资源保护文化的多样性［J］.新东方，2011（6）：32-35.

［150］周茹雪.陕西西安方言图形化设计的应用研究［D］.西安：西京学院，2020.

［151］周有光.世界文字发展史［M］.上海：上海教育出版社，2018.

［152］（第八集）【方言版】重庆话说英语，一开口就笑尿了［EB/OL］.（2016-02-21）［2022-12-22］.https://www.sohu.com/a/59846516_355604.

［153］［古希腊］亚里士多德.范畴篇　解释篇［M］.方书春译.北京：商务印书馆，1986.

[154]［日］滝本孝雄,藤沢英昭.色彩心理学［M］.成同社译.北京：科学技术文献出版社,1989.

[155]［瑞士］费尔迪南·德·索绪尔.普通语言学教程［M］.高名凯译.北京：商务印书馆,1982.

[156]［苏］什克洛夫斯基.散文理论［M］.南昌：百花洲文艺出版社,1994.

[157]《话说南京》南京非物质文化（趣味俚语）插画留白小本扎［EB/OL］.［2023-03-09］.https：//www.zcool.com.cn/work/ZMjM1OTg1NTI=.html.

[158]《芜话不说》——芜湖方言插画设计［EB/OL］.（4年前）［2022-11-04］.https：//www.zcool.com.cn/work/ZMzEwMDUyMjA=.html.

[159]《熊出没·原始时代》曝预告 五大方言版本将上映［EB/OL］.（2019-02-09）［2022-11-05］. https：//www. 1905. com/news/20190209/1349080.shtml#p1.

[160] Jacob Marschak.Economics of language［J］. *Behavioral Science*,1965(2)：135-140.

[161] Jernudd B & J. das Gupta. *Towards a Theory of Language Planning*［A］. *In Rubin & Jernudd(eds.), Can Language Be Planned? Sociolinguistic Theory and Practice for Developing Nations*［C］. Honolulu：University Press of Hawaii,1971：195-215.

[162] Francois Grin. Language Planning and Economics［J］. *Current Issues in Language Planning*,2003(1)：1-66.

后记

  2015年以来，我和我的同事刘小文、吴立友、王宏梅、叶静、雷璐荣、喻洁、钟聿新、朱坤林老师等深度参与"中国语言资源保护工程"重庆库建设任务，获批语保工程专项任务课题17项，同时还受重庆市语委办委托牵头组织、实施整个重庆市语保工程的立项、验收、结项等各项工作，为重庆市顺利完成中国语言资源保护工程建设任务做出了突出贡献，得到了重庆市教委语委办的高度肯定和普遍认可。然而，对于语言资源保护来说，语保工程对方言资源的调查与记录还只是开始。语保工程从二期工程开始，将聚焦应用，以成果为导向，突出地方特色，开展方言资源利用与开发工作。因此，我们积极响应语保工程重大战略需求，试图以重庆方言为例，从跨学科视角将重庆方言转换成可以在屏幕或平面上进行展示的图形或图像，并开展方言创意产品开发，从而推进方言资源保护工作向纵深方向发展。2022年5月，重庆市教委发布人文社科研究年度项目评审结果。我们申报的课题"能看的重庆话——基于中国语言资源保护工程背景的重庆方言视觉设计研究"获批为重大项目。

以上述工作为基础,我们把教师的科研资源转化为应用型人才培养的优质教学资源,开设"汉语方言调查与保护"等相关课程。自2015年开始,我们每年招收优秀本科学生参加"汉语方言调查与保护"社会实践,通过专题知识讲座、田野调查、校外研学等方式,使学生掌握方言与文化调查、记录、整理的能力,初步具备研究、传承语言文化的能力。这些学生通过参加课程学习,参与科研项目,结合专业学习中的热点和难点问题开展课题研究与专业实践,有效提高了科研意识和创新能力。他们参加中国国际"互联网+"大学生创新创业大赛、中国好创意暨全国数字艺术设计大赛、全国应用型人才综合技能大赛、全国大学生语言文字能力大赛等获得各级奖项60余项,获批重庆市大学生创新创业训练计划项目15项,公开发表学术论文20余篇,获得国家专利2个。2021年7月,重庆市教委高等教育教学改革项目名单出炉,我们申报的"一流课程建设背景下《汉语方言调查与保护》课程'政产学研'四位一体协同育人教学改革与实践"喜获重点项目立项支持。

本书既是重庆市教委人文社科重大项目的研究成果,又是重庆市教委高等教育教学改革项目的建设成果。全书分三篇。上篇为理论篇,主要讲方言视觉设计的依据与现状、作用与原则、形式与方法、要素与构图等四个方面基础理论。中篇是实践篇,是我们带领重庆文理学院文化与传媒学院2019级、2020级、2021级汉语言文学师范专业100余名学生开展的重庆方言视觉设计探索的成果,主要从下里巴人、神采飞扬、动若脱兔、童言童语、大渝风物等五个方面初步勾勒出重庆方言的基本面貌。下篇是应用篇，我们在理论篇和实践篇的基础上实体建设重庆巴言蜀语文化创意有限公司，从生活日常、服饰服装、文具娱乐、文旅纪念、装饰装修等五个方面展示我们开发的重庆方言文化创意产品。

当然，由于重庆方言视觉设计是一个新的领域，同时我们的能力和水平也很有限，有关重庆方言的看法或许有不地道甚至错谬的地方，期盼得到学界同仁的批评指正。

本书的出版，我们要感谢给予出版经费支持的重庆市教委宣教处，感谢从2015年开始就一起奋斗在重庆方言资源保护前线的同事们，感谢重庆文理学院文化与传媒学院2019级、2020级、2021级汉语言文学师范专业选修"汉语方言调查与保护"课程的同学们，尤其是席诗蒙莎、姜娜、张璐瑶、杨琴、赵丽、梁馨月、张佳露、李梓晴、魏华郦在我们的指导下承担方言视觉设计工作，席诗蒙莎、姜娜在我们的指导下承担方言文创产品设计工作，万灵灵、刘志镪、唐彬欣、孔耀萍、廖艺在我们的支持下成立了重庆巴言蜀语文化创意有限公司。感谢他们富有创意的绘画及设计才能，以及灵活的公司运营能力，使得本书的论述既有理论高度，又有实践深度。

最后，我们还要感谢重庆出版社的阚天阔编辑，正是他的努力和认真才让小书得以顺利面世。

作者于重庆永川

2024年1月31日